남한산성 【호란일기】

남한산성 호란일기

개정판 1쇄 인쇄 2018년 1월 5일
개정판 2쇄 펴냄 2024년 5월 15일

기　　록 —— 나만갑
편　　저 —— 김종윤
그　　림 —— 김예진
펴낸이 —— 최성재
펴낸곳 —— 도서출판 노루궁뎅이
　　　　　출판등록 2011년 10월 24일 제101-91-28648
　　　　　전화 070-4156-2292　팩스 02-6280-2292

ISBN   978-89-6765-381-1   73810

- 이 책은 저작권법에 따라 보호받는 저작물이므로 무단전재와 무단복제를 금지하며,
  이 책 내용의 전부 또는 일부를 인용하려면 반드시 저작권자와 노루궁뎅이의 동의를 받아야 합니다.
- 잘못된 책은 바꿔 드립니다.
- 책값은 뒤표지에 있습니다.

노루궁뎅이는 여름에서 가을까지 졸참나무나 떡갈나무 등 활엽수의 줄기에 한 개씩 자라는 버섯 이름입니다.

남한산성

《 호란일기 》

나만갑 기록 ― 김종윤 편저 ― 김예진 그림

노루궁뎅이

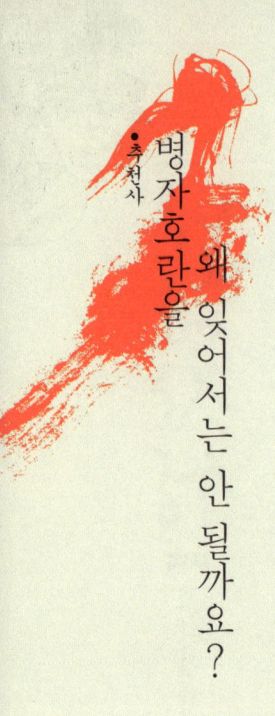

• 추천사

병자호란을 왜 잊어서는 안 될까요?

예로부터 우리나라는 주변의 다른 나라에 변화가 있을 때마다 큰 위기에 빠지고는 했습니다. 몽골의 원나라가 멸망의 길을 걷고 명나라가 우뚝 서자 왜구들이 물밀듯이 몰려와 나라 전체를 짓밟았고, 홍건적(중국 원나라 말기에, 홍건적과 백련교도가 중심이 되어 일으킨 종교적 농민 반란. 1368년에 홍건적 출신인 주원장이 원나라를 물리치고 명나라를 세웠음) 20만 명이 고려를 침범해 들어와 개경을 함락시키는 등 많은 피해를 입혔습니다. 결국 고려는 멸망의 길로 들어서고 말았습니다.

원나라를 무너뜨리고 일어선 명나라가 힘이 약해지자, 이번에는 일본이 임진왜란을 일으켰습니다. 그리고 1636년(인조 14) 12월에 청나라는 정묘호란에 이어 조선에 2차 침입을 했습니다.

바로 병자호란입니다.

그럼 병자호란은 왜 일어났을까요? 단순하게 조선과 청나라와의 관계 때문이었을까요? 아닙니다. 그 전쟁은 명나라와 조선을 손아귀에 넣으려는 일본의 야망으로부터 시작된 전쟁이었습니다.

분열된 일본을 통일한 사람은 도요토미 히데요시였습니다. 통일을 성공시킨 뒤, 도요토미 히데요시는 막강해진 군사력과 국력을 자랑했지만, 날로 강해지는 일본 내의 신흥 세력이 두려울 수밖에 없었습니다.

도요토미 히데요시는 신흥 세력을 내몰고 국민을 한마음 한뜻으로 뭉치게 할 뚜렷한 방책이 필요했습니다. 그 방책이 바로 명나라 공격이었습니다.

도요토미 히데요시는 명나라를 공격할 테니 조선이 앞잡이 노릇을 하라고 요구했습니다. 앞잡이 노릇을 하기 싫거든 조선 땅이라도 빌려 달라고 했습니다. 조선은 당연히 그 요구를 거절했습니다. 결국 도요토미 히데요시는 명나라 공격이라는 명분을 앞세워 조선을 공격하기에 이르렀습니다. 그 무렵에 조선은 200년 동안 지속된 평화로 전쟁에 대한 준비가 거의 되어 있지 않았습니다.

그러다 느닷없이 20만의 일본군 공격을 받았으니 나라 전체가 순식간에 초토화가 될 수밖에 없었습니다.

신무기 소총을 쏘며 조선 땅으로 달려온 일본군은 불과 20여 일 만에 한양을 함락시켰습니다. 그 전쟁이 바로 임진왜란입니다.

조선이 일본군에게 침략당하자, 명나라도 다급해질 수밖에 없었습니다. 일본군은 조선을 완전히 손아귀에 넣은 뒤에 압록강을 넘어 명나라를 공격할 계획이었으니까요.

명나라는 3천 500명 정도의 군사를 조선 땅으로 보냈습니다. 그러다 다시 5만 명의 대군을 보내 약 8년 3개월 동안 일본군과 맞서게 했습니다. 가까스로 임진왜란이 끝났지만, 조선은 물론이고 전쟁에 참여했던 명나라도 나라 형편이 어려워지고 말았습니다.

그 무렵에 여진의 추장인 누르하치는 힘이 약해진 명나라 땅을 야금야금 차지하고 있었습니다. 조선을 돕느라 힘을 잃은 명나라는 강해지는 누르하치의 세력을 누를 능력이 없었습니다.

누르하치는 순식간에 여진족을 통합하여 만주 지방을 거의 차지할 정도로 세력이 강해졌습니다. 그리고 1616년 후금(나중에 청나라)을 세우고 3년 뒤에 명나라를 공격하기에 이르렀습니다. 다급해진 명나라는 조선에 도움을 청했고, 그 무렵에 조선의 왕이었던 광해군은 마지못해 군사를 파견했습니다. 임진왜란 때 구원병을 보내준 명나라를 모른 척할 수 없었으니까요.

하지만 광해군은 군사들에게 싸우는 시늉만 하라는 명령을 몰래 내렸습니다. 남의 나라 싸움에서 조선군의 희생을 줄이고, 후금의 공격도 피하려는 이유였습니다.

광해군은 북방에서 신흥 강국으로 부상한 후금의 강성함을 잘 파악하고 있었고, 명나라와 후금 사이에서 중립을 지키며 실리 외교를 펼치는 것만이 살길이라고 판단했습니다.

하지만 사대부들은 광해군이 명나라를 배신하고, 형제를 죽이고 인목대비를 가뒀다는 죄목으로 왕위에서 쫓아냈습니다.

광해군을 몰아내고 왕위에 오른 인조는 후금을 오랑캐라 업신여기며 명나라를 떠받드는 정책을 펼쳤습니다.

결국 1627년, 조선은 후금의 공격을 받고 말았습니다. 명나라를 완전히 손아귀에 넣으려는 후금으로서는 조선이 눈엣가시일 수밖에 없었습니다. 조선 공격에 성공해야만 명나라를 정복할 수 있었기 때문입니다.

후금의 공격을 받은 조선은 강화도로 옮겨 가 맞섰습니다. 하지만 임진왜란을 겪은 뒤에 나라 전체가 파탄지경에 놓였던 조선은 후금을 물리칠 능력이 없었습니다. 결국 후금을 형의 나라로 대우한다는 조약을 맺었습니다. 그 전쟁이 '정묘호란'입니다.

1636년, 누르하치의 아들 홍타이지가 나라 이름을 후금에서 '청'으로 바꾸고, 스스로 황제 자리에 올랐습니다. 그가 곧 청 태종입니다. 청나라의 세력이 점차 강해지자, 조선의 입장은 어땠을까요? 당연히 청나라를 가까이한 광해군을 몰아낸 인조로서는 입장이 이만저만 곤란한 것이 아니었습니다. 그런데 청 태종 즉위식에 참석했던 조선 사신 나덕현과 이확이 청 태종에게 절을 올리는 예를 거부한 사건이 일어났습니다.

그리고 1636년 용골대·마부대 등이 인조 비 한씨의 조문을 왔을 때 후금 태종의 존호를 조선에 알리면서 군신의 예를 강요하자, 조정의 신하들은 당장 용골대·마부대를 죽일 것을 주장했습니다. 인조도 후금의 국서를 받지 않은 채 그들을 감시하게 했습니다.

용골대·마부대는 사태가 심상치 않음을 눈치채고 도망갔습니다.

그뒤, 조정에서는 의병을 모집하는 한편, 의주를 비롯한 평안도에 무기를 보내고 절화방비 유서(청나라와의 화친을 끊고, 적의 침입을 미리 대비하라는 임금의 명령서)를 평안감사에게 내렸습니다.

그런데 도망치던 용골대·마부대 일행이 그 유서를 빼앗아 보고 조선의 굳은 결의를 알게 되었습니다. 이래저래 조선은 청나라의 눈엣가시가 되고 말았습니다.

결국 청 태종은 조선이 정묘호란 때의 약속을 지키지 않는다고 비난하며 11월 25일까지 왕자 및 대신과 척화론자들을 보내어 사죄하지 않으면 공격하겠다는 최후 통첩을 보내었습니다.

조선 조정은 척화 강경론자들의 반대에 부딪혀 그 요구를 들어주지 않았고, 청 태종은 조선 땅을 공격하기에 이르렀습니다.

그것이 곧 병자호란입니다.

1636년 12월 9일, 청나라 군사 수천 명이 물밀듯이 압록강을 건너 들어오고, 13만 대군이 잇따라 강을 건너왔습니다.

청나라 대군은 불과 5일 만에 한양에 도착했고, 인조는 엄청난 전투력과 기동력을 지닌 청나라 군사와 제대로 싸워보지도 못한 채 남한산성으로 몸을 피해야 했습니다.

인조와 대신들은 12월 14일부터 이듬해 1월 30일까지 남한산성에 갇힌 채 청나라 군사의 공격을 버텼습니다.

그러다 46일 만에 항복하기에 이르렀습니다. 인조을 따라 남한산성으로 들어갔던 나만갑은 46일 동안 산성 안에서 일어난 일을 낱낱이 기록한 '병자록'을 남겼고, 그 기록을 토대로 '호란일기(병자록, 병자남한일기)'가 탄생했습니다. 나만갑은 '호란일기'를 남기며 후손들이 병자호란의 치욕과 고통을 잊지 않기를 바랐습니다.

삼전도에서 인조가 청 태종에게 세 번 절하면서 그때마다 세 번씩 머리를 땅에 조아린 '삼전도의 굴욕'은 우리 역사에서 지울 수 없는 치욕스러운 사건이었습니다.

명나라만을 받드느라 오랑캐라고 무시했던 청나라 임금 앞에 우리나라 임금이 신하가 되어 절을 올린 부끄러운 사건이었으니까요. 정묘호란 이후 조선과 청나라는 형제의 나라였지만, 병자호란 이후에는 임금과 신하의 나라로 전락하고 말았습니다.

전쟁이 끝난 뒤 조선 백성 50만 명이 청나라로 끌려가고, 나라 전체가 쑥밭이 되었습니다.

조선은 명나라와 관계를 끊고 청나라에 해마다 엄청난 조공을 바쳐야만 했습니다.

뿐만 아니라 청나라가 명나라를 공격할 때는 청나라에 군사 지원을 해 줘야 하는 등 이루 말할 수 없는 고통을 겪어야 했습니다.

일본을 통일시킨 도요토미 히데요시는 신흥 세력을 누르기 위해 조선을 공격해 임진왜란을 일으켰고, 임진왜란 때 조선을 도왔던 명나라 힘이 약해진 틈을 타서 청나라가 일어섰고, 청나라는 명나라를 멸망시키기 위해 조선을 먼저 공격하고……. 그러니까 우리나라는 명나라와 일본 사이에 끼어 임진왜란을 겪고, 명나라와 청나라 사이에 끼어 정묘호란과 병자호란을 겪어야 했습니다.

1840년, 아편전쟁이 끝나고 청나라가 멸망의 길을 걷기 시작하자 이번에는 청일전쟁과 러일전쟁이 한반도 땅을 휩쓸었습니다.

그 뒤, 우리나라가 36년 동안 겪은 일제 강점기는 병자호란의 치욕보다 더 부끄러운 역사가 되고 말았습니다.

또한 일제 강점기가 끝난 뒤에는 미국과 소련의 힘겨루기에 끼어 한국전쟁이라는 아픔을 겪어야 했습니다.

그렇게 우리나라는 주변국의 새로운 힘이 일어설 때마다 전쟁의 소용돌이에 휘말려야만 했습니다.

지금은 북한이 핵 개발에 온 힘을 쏟으며 우리를 위협하고 있습니다. 그리고 일제 강점기 36년 동안 온갖 악행을 저질렀던 일본은 반성은커녕 어업 협정, 독도 문제, 교과서 왜곡 문제 등으로 우리나라를 괴롭히고 있습니다. 세계 유일 강대국인 미국과 급부상한 중국, 경제 대국인 일본에 둘러싸인 우리나라는 전쟁의 위협으로부터 자유로울 수가 없습니다.

그런 만큼 우리나라는 세계 어느 나라보다 국가 안보가 중요한 나라입니다. 역사의 아픔을 되풀이하지 않으려면 자나 깨나 안보를 튼튼히 해야만 합니다.

나만갑은 안보가 무너졌을 때 나라가 전쟁의 소용돌이에 휘말리고, 다른 나라의 지배를 받으며 살 수밖에 없다는 것을 절대 잊지 말기를 바라는 마음으로 '호란일기'를 후손에게 남겼습니다. 그것이 우리가 병자호란을 잊어서는 안 되는 가장 큰 이유입니다.

'호란일기'는 우리가 어떻게 해야 안보를 튼튼하게 할 수 있을지를 깨닫게 해 줍니다. 그것은 바로 경제력, 군사력, 문화적 힘을 길러 강대국들이 우리 대한민국을 감히 넘볼 수 없는 강한 나라로 키우는 것입니다.

우리는 율곡 이이가 선조에게 "나라가 태평하니 군대와 식량이 준비되지 않아 적이 침범해 와도 막아낼 수 없습니다. 10만의 군사를 길러 외적의 침략에 대비해야 합니다."라는 말을 왜 했을까를 항상 기억해야만 합니다.

전보삼
(철학박사, 남한산성을 사랑하는 모임 명예회장,
경기도박물관관장, 한국문학관협회회장)

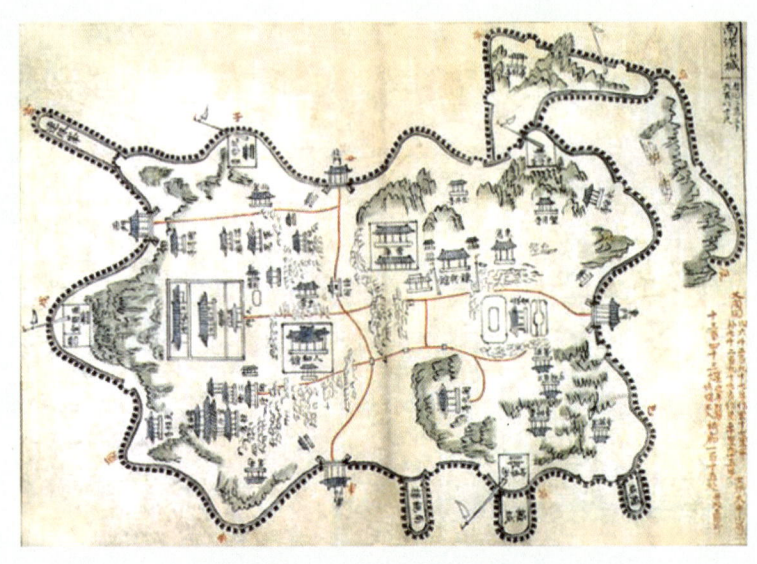

남한산성은 경기도 광주군 중부면 산성리에 있는 조선 시대 산성이에요.
도성을 지키던 성으로 산세를 그대로 이용했으며, 병자호란 때 인조가 청나라군과 대치하여 격전을 벌인 곳이에요.
남한산성도(영남대학교 소장)

차례

병자호란을 왜 잊어서는 안 될까요? · 4
추천사

전쟁의 기운이 조선 땅을 휩쓸다 · 14

급보 이후의 일기 · 24
병자호란이 터지다

강화도에서 있었던 일 · 164

병자호란이 왜 우리 역사에서 가장 중요한 사건일까? · 190
글을 엮으며

전쟁의 기운이 조선 땅을 휩쓸다

병자년, 1636년 이른 봄에 이곽과 나덕헌이 춘신사(봄에 우리나라에서 명나라, 청나라에 보내는 사신. 가을에는 추신사라 함) 자격으로 명나라로 향했다.

마침 3월 11일은 후금의 임금인 홍타이지(청나라의 제 2대 황제)가 나라 이름을 청으로 고치고, 스스로 황제 자리에 오르는 날이었다.

저들은 이곽 등 우리나라 사신을 위협하여 억지로 그 축하의 자리에 참석하라고 하였으나, 두 사람은 죽음을 무릅쓰고 그 자리에 참석하지 않았다.

오랑캐들은 두 사람을 심하게 때려서 옷이 찢어지고 갓이 부서졌으나, 끝끝내 뜻을 꺾지 않았다.

그 해, 늦은 봄에 용골대와 마부대가 사신 자격으로 조선 땅으로 들어왔다.

지난해에 돌아가신 인렬왕후(인조의 왕비. 효종·소현세자·인평대군·용성대군을 낳았다)를 조문하기 위해서라고 했다.

하지만 그들은 우리나라 사정을 살피고, 마땅치 않으면 군사를 일으키려는 속셈을 숨기고 있었다.

그들은 이곽, 나덕헌 등 조선 사신들이 청나라 황제의 축하 자리에 참석하지 않은 잘못을 비난하는 글을 전하께 전했다.

빈소(문상객이 조문하는 장소)는 금천교(창덕궁의 서문인 금호문 안에 있는 다리)에 차려졌다.

그런데 그들이 막 제사를 지내려는데 바람이 불어서 천막이 걷혔다. 때마침 천막 근처에서 우리 병사들이 훈련을 하고 있었는데, 용골대와 마부대는 그것을 보고 군사를 숨겨 둔 것은 아닌가 의심하며 허겁지겁 그곳을 나가 버렸다.

사헌부 장령(정4품 벼슬) 홍익한이 상소를 올려 무례를 저지른 두 오랑캐 목을 베기를 청했다.

관학도 사신의 목을 베야 한다는 상소를 올렸다.

그 사실을 눈치챈 오랑캐 장수들은 두려워하며 숙소를 탈출해 민가로 가서 말을 빼앗아 타고 달아났다.

달아나는 두 오랑캐를 본 사람들은 놀라며 괴이하게 여겼다. 아이들은 그들에게 돌을 던지기도 하고, 서울 안이 소란스러웠다.

두 오랑캐 장수가 달아난 뒤, 조정에서는 크게 놀라 벼슬 높은 사람을 보내 설득을 했지만 그들은 끝내 돌아오지 않았다.

그 뒤, 전하(인조 임금)께서는 나라 곳곳에 글을 보내 청나라와 친하게 지내지 않겠다는 척화의 뜻을 밝혔다.

청나라에 대해 분한 마음을 잃지 말라는 글도 함께 보냈다.

그러자 나라 곳곳에서 오랑캐 나라인 청나라를 공격해야 한다는 글을 전하께 올렸다.

대사간 윤황은 전하께 올리는 물건을 줄이고, 묘악(종묘 제전 때 연주하는 아악)을 없애고, 강화도의 행궁(임금이 나들이 때에 머물던 별궁)을 손질하여 전쟁에만 전념하기를 청했다.

이조참판 정온도 송도에 군사를 주둔시키기를 청하고, 참의 김덕함은 평양에 군사를 주둔시키기를 청했다.

그런데 자연의 재앙은 물론이고 괴상한 일이 자주 일어났다. 부평과 안산에서는 돌이 저절로 옮겨지고, 영남의 관서에서는 물오리 떼가 서로 싸우고, 대구에서는 황새가 진을 치고, 청파(지금의 서울 용산구 청파동)에서는 개구리가 싸웠다.

죽령(경북 영주군 풍기면과 충북 단양군 대강면 경계에 있는 고개)에서는 두꺼비가 행렬을 짓고, 예안(지금의 안동군)에서는 냇물이 끊어지고, 두 능에 벼락이 떨어졌다.

서울의 땅이 새빨개지고, 도성에 하루 동안에 27군데나 벼락이 떨어지고, 갑자기 홍수가 나서 동문의 길이 끊겼다.

세 곳의 대궐이 일시에 흔들리고, 흰 무지개가 해를 꿰뚫고, 이상야릇한 별의 변화 등이 일어났다.

그 모든 일은 한 해 동안 모두 일어났다.

영의정이면서 체찰사인 김류, 좌의정 홍서봉, 우의정 이홍주가 조정에 모였다.

청나라와의 화의는 이미 불가능해졌는데 싸우고 지킬 방법 또한 찾지 못했다.

김류가 전하께 아뢰었다.

"만약 적이 깊이 침략해 오면 도원수와 부원수, 그리고 황해도와 평안도의 관찰사는 죄를 지었으니 그의 아내와 자식까지 모두 벌을 주어야 합니다."

그러자 전하께서 김류를 보며 말씀하셨다.

"그렇게 된다면 체찰사도 중한 처벌을 면치 못할 것이오."

이전까지 김류는 청나라를 배척했다. 그런데 전하의 그 말씀을 듣고는 청나라와 화의를 하는 쪽으로 마음을 바꿨다.

이조판서 최명길도 청나라와 친하게 지내는 것이 좋다며 청나라 조정에 사신을 보내자고 했다.

그러자 홍문관 교리 오달제와 이조정랑 윤집이 최명길의 목을 베어야 한다는 상소를 올렸다. 그 밖의 많은 신하도 지금껏 섬겼던 명나라를 배신하고 청나라와 가까이해서는 절대 안 된다고 주장했다.

모두 명나라를 받드는 척화는 깨끗한 일이라고 목소리를 높이고, 청나라에 매여 지내는 화의는 그릇된 일이라는 주장만 거듭했다. 결국 조정에서는 아무 결단을 내리지 못한 채 머뭇거리기만 하며 날짜를 보내고 있었다.

그러다 김류가 화의해야 된다는 최명길의 주장에 동조한 뒤에서야 비로소 하급의 통역관을 청나라에 보내는 것으로 결정했다. 그렇게 결정이 났는데도 불구하고 여전히 많은 대신이 화의를 반대하며 통역관을 청나라에 보낼 수 없다고 주장했다. 결국 전하의 특명이 내려지자 그때서야 청나라로 통역관을 보낼 수 있었다. 청나라 임금 홍타이지는 조선의 통역관이 찾아오자 이렇게 말했다.

"만약 너희 나라가 11월 25일 이전까지 대신과 왕자를 우리 청나라에 들여보내어 화의를 다시 정하지 않으면, 나는 크게 군사를 일으켜 너희 나라를 무찌르겠다."
그리고 홍타이지는 이런 글을 써서 주었다.

'너희 나라가 산성을 수없이 쌓고 있는데 내가 큰길을 통해서 곧장 한양으로 쳐들어간다면 깊은 산에 쌓은 산성 따위로 나를 막아낼 수 있겠느냐? 너희 나라가 믿는 것은 오로지 강화도뿐인데, 만약 내가 팔도를 다 짓밟으면 그 조그마한 섬 하나로 나라를 이룰 수 있겠는가? 명나라와의 척화를 주장하며 나를 적으로 삼으려 하는 자들은 모두 선비인데, 그들이 붓 끝을 휘둘러 나를 물리칠 수 있겠는가?'

조정에서는 재상을 청나라로 보내려고 했지만 청나라를 적으로 여겨야 한다는 주장이 더 강했다. 그러다 보니 누구도 감히 청나라에 사신을 보내자는 말을 꺼내지 못했다.
그러다 가까스로 박노를 청나라에 보내기로 결정했다.
결정이 난 상태인데도 불구하고 많은 대신이 강하게 반대를 하고 나섰고, 그러느라 또 여러 날을 지체하고 말았다.
가까스로 박노가 청나라로 향했지만 이미 청나라 홍타이지가 말한 기일은 지키지 못한 상태였다.
남한산성의 수어사는 이시백이었다. 이시백의 아버지인 이귀와 김류는 서로 사이가 좋지 않았다. 이귀는 김류의 말을 전혀 들으려고 하지 않았고, 남한산성을 지키는 일임에도 김류의 요청이 한 가지도 먹히지 않았다.
또 남한산성은 영남 지역의 군사들이 지키고 있었다.
그런데 남한산성이 다급한 상황에 빠지면 그 먼 영남에서부터 군사들이 어떻게 달려올 수 있단 말인가.

예로부터 나라의 요충지에는 중요한 진을 두어 적을 막기 편하게 했다. 그런데 김류와 도원수 김자점은 앞장서서 진을 철회하자고 건의했었다. 결국 의주의 진은 백마(의주 남쪽 30리 백마산성)로, 평양의 진은 자모(지금의 순천군 자산면에 있는 자모산성)로, 황주의 진은 정방(황주군과 봉산군 경계에 있는 정방산성)으로, 평산의 진은 장수(장수산성)로 옮겼다.

새로이 옮긴 진의 거리는 제아무리 가까운 곳도 3, 40리 먼 길이었고 하루 이틀 걸리는 길이다.

진을 새로이 옮긴 뒤로 황해도와 평안도 일대의 큰 진들이 모조리 사람 그림자도 없는 빈 터가 되어 버렸다.

김자점이 갑자기 도원수(으뜸가는 장수) 벼슬을 맡았다.

그런데 김자점은 군사 양성은 아랑곳하지 않고 백성을 쥐어짜 정방산성을 쌓고, 벌과 매질로 위엄을 세우려고만 했다.

그 탓에 많은 인심을 잃을 수밖에 없었다.

김자점은 늘 "오랑캐들은 올 겨울에는 절대 쳐들어오지 않는다."라고 했다. 누군가 적이 쳐들어올 것이라는 말을 하면 몹시 화를 냈다.

그러다 보니 부하 중 누구도 적이 쳐들어올 것이라는 말을 입에 올리지 않았다.

김자점은 겨울 동안 적을 물리칠 방법과 대책을 마련해야 하는데도 성을 지킬 군사 한 명도 증원하지 않았다.

일찍이 의주 건너편 용골산(용호산)에 봉화대를 두었다. 그래서 아무 일이 없으면 횃불 하나를 들고, 적이 나타나면 두 개를 들고, 적이 국경을 침범하면 세 개를 들고, 전쟁이 터지면 넷을 들게 되어 있었다.

그런데 서울까지 연락되면 소동이 일어날 것을 염려한 김자점은 봉화를 용골산에서 도원수가 있는 정방산까지만 연결되게 했다.

12월 6일부터 잇따라 횃불 두 개가 올랐다. 적이 나타났다는 신호였다. 하지만 김자점은 "이것은 박노가 금나라로 돌아간 장수를 도로 맞아 오는 것이 분명하다. 적이 올 리가 없질 않느냐."하며 왕에게 급보를 보내지 않았다.

그러다 9일에야 비로소 군관 신용을 의주로 보내 형세를 살피게 했다. 의주로 떠난 신용이 순안(지금의 평원군 순안면)에 이른 것은 이튿날이었는데, 이미 말을 탄 적병이 읍내에 쫙 깔려 있었다.

신용은 급히 말머리를 돌려 평안감사 홍명구를 찾아가 다급함을 알렸다. 신용의 말을 듣고 크게 놀란 홍명구는 혼자서 말을 타고 자모산성으로 달아나 버렸다.

신용이 돌아와 사실을 보고하자, 김자점은 크게 화를 냈다.
"네가 망령된 말을 해서 군사들을 혼란에 빠뜨리려 하느냐!"
김자점은 당장 신용의 목을 베려고 했다.
"내일이면 적병이 여기로 쳐들어올 것입니다. 잠시 저를 죽이지 말고 내일까지 기다렸다가 죽이십시오!"
그런데 뒤쫓아 보낸 군관이 급히 돌아와 신용의 말과 똑같은 보고를 했다.
그때서야 김자점은 왕에게 급히 보고를 했다.
적들은 압록강을 건넌 뒤, 각 지방의 성과 진은 거치지도 않은 채 곧바로 한양을 향해 달려왔던 것이다. 그러면서 각 지방의 관리들이 왕에게 보내는 급보를 모조리 빼앗았다.
결국 조정에서는 청나라군이 까맣게 몰려오는데도 아무것도 모르고 있었다.

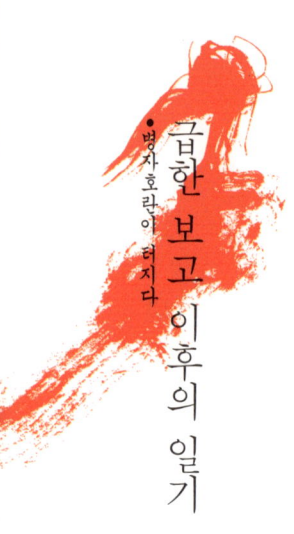

급한 보고 이후의 일기
• 병자호란이 터지다

1636년 12월 12일 오후에 도원수 김자점의 다급한 보고가 들어오고서야 적이 코앞으로 달려와 있음을 알게 되었다. 적들이 사나운 바람처럼 그렇게 빨리 몰려올 줄은 까맣게 모르고 있었다.

12월 13일 조정에서는 강화도로 들어가 적과 맞서자는 결론을 냈다. 김경징을 강화도 감찰사(강화를 책임지고 지키는 벼슬), 이민구는 부사로 임명했다.
심기원을 기복(부모가 죽어 복을 입고 있는 동안에는 벼슬에 나아가지 않는 법이었지만, 임금이 특명으로 불러서 벼슬에 임명하는 일)하여 유도대장으로 삼았다. 김경징을 추천한 사람은 우의정 이홍주였다.

그런데 김경징은 감찰사 자리를 맡을 만한 인물이 못 되었다.
영의정이자 도체찰사(전쟁할 때의 으뜸 벼슬)인 김경징의 아버지 김류도 자신의 아들이 그런 그릇이 못 된다는 것을 잘 알고 있었다.
그런데도 감찰사로 임명된 아들을 칭찬했다.
남아서 한양을 지킬 유도대장은 심기원이 임명되었지만 제대로 싸울 군사 한 명 없이 어찌 한양을 지킬까.

12월 14일 적들이 이미 한양 가까이 이르렀다.
전하께서는 서둘러 대궐을 떠나셨다.
오후에 남대문을 출발해 강화로 향하기로 결정했다.
그런데 오랑캐 장수 마부대가 기마병 수백 명을 이끌고 이미 한양 가까이에 이르러 있었다.
전하께서는 다시 성안으로 들어오시어 남대문 문루(궁문, 성문 따위의 바깥문 위에 지은 다락)에 오르셨다.
모두 갈팡질팡 어찌할 바를 모르고 허둥대기만 했다.
한양의 양반들은 늙은 부모를 부축하고 어린 것들의 손을 잡아끌

며 피난가느라 법석이었다.

울부짖는 소리가 거리를 가득 채웠다.

이조판서 최명길이 오랑캐 대장 마부대를 만나겠다고 했다.

전하께서는 도감대장 신경진으로 하여금 모화관(조선 시대에 중국 사신을 영접하던 곳)에 나가 적과 맞서게 했다.

그리고 앞서 도감장관 이흥업에게도 마병 80여 기를 거느리고 달려가 적을 막으라는 명을 내렸다.

그런데 이흥업과 그를 따르는 장수들이 전하께서 하사(임금이 신하에게, 또는 윗사람이 아랫사람에게 물건을 줌)하신 술과 친구들이 주는 작별의 술을 지나치게 마시고 모두 곤드레만드레 취해 버렸다.

결국 창릉(예종과 인순왕후의 능. 서오릉의 하나) 건너편에 이르러 모두 적에게 몰살당하고, 겨우 두어 사람만 살아남았을 뿐이다.

한양에서 강화까지는 이틀 길이다.

전하께서는 적이 추격해 올까 두려워서 수구문(서울 동남쪽 문. 원래 이름은 광희문. 성안의 물이 모여 이리로 빠져 나간다고 하여 수구문이라고 함)을 통해 남한산성으로 들어가셨다.

최명길이 적진으로 들어가 마부대를 만나 따졌다.

"어찌하여 군사를 일으켜 이렇게 깊이 들어왔소?"

그러자 마부대가 대답했다.

"조선이 굳게 맹세한 약속을 까닭 없이 어겼으므로(여기에서는 1627년의 정묘호란 때 맺은 약속을 말함) 새로운 조약을 맺기 위해 군사를 이

남한산성 서남쪽 해발 370m 지점에 있는 남문이에요. 지화문이라고도 해요. 남한산성에 있는 4대문 중 가장 크고 웅장해요. 병자호란에 인조가 산성으로 피신하면서 이 문을 통과했어요. 정조 3년 성곽을 개축하면서부터 지화문이라 불렀어요.

끌고 왔다."

마부대의 말은 뻔한 거짓말이었다.

최명길은 한양에 묵으면서 마부대의 말을 그대로 남한산성의 행재에 보고하게 했다.

최명길의 보고를 받은 조정은 마부대의 뻔한 거짓말을 진실로 믿으며 모두 안심하는 표정이었다.

하지만 전하께서는 그 말을 믿지 않으셨다.

도체찰사 김류와 부체찰사 병조판서 이성구 등이 비밀리에 전하를 뵙고 의논을 했다. 그 자리에서 내일 새벽에 전하를 모시고 급히 강화로 들어가기로 결정을 냈다.

대제학 이식은 인천으로 가서 배를 타고 강화로 들어가는 것이 좋겠다는 의견을 내놓았다.

그런 결정이 난 뒤, 조정에서는 전하께서 강화도로 가시는 일을 비밀에 부치기로 했다.

그런데 한양에 들어가 보니 전하께서 강화로 들어간다는 소문이 쫙 퍼져 있었다.
그 사실을 모르는 사람이 한 사람도 없을 정도였다.

12월 15일 새벽에 전하께서 강화도로 가기 위해 남한산성을 나섰다.
큰 눈이 온 뒤라 산길이 얼어붙어 있었다.
전하께서 타신 말이 제대로 걷지 못할 정도로 바닥이 미끄러웠다.
위태롭게 걷던 말이 기어이 엎어지고 말았다.
전하께서는 할 수 없이 말에서 내려 걷기 시작했다.
하지만 눈길에서 수없이 자빠지고 엎어지고는 했다. 결국 전하의 몸이 좋질 않아 다시 남한산성으로 들어가야만 했다.
도감대장 신경진이 한양에서 뒤쫓아 왔다.
신경진에게 동성 망월대를 지키게 하고, 이헌달을 중군으로 삼고,

호위대장 구굉은 남성(남쪽의 성)을 지키게 했다.
또한 수원부사 구인후는 그가 거느린 군사와 본부의 군사를 보강하여 구굉을 돕게 했다.
이곽과 이직은 중군(중심 부대)을, 총융대장 이서는 북성(북쪽의 성)을, 수어사 이시백은 서성(서쪽의 성)을 지키게 했다.
원래 남한산성은 경상도 병사가 지키게 되어 있었다. 그런데 길이 너무 먼 탓에 경상도 군사가 미처 도착하지 못했다. 그래서 체찰사 김류는 경기도 수령들에게 성을 지키도록 했다.
뒤늦게 여주목사 한필원·이천부사 조명욱·양근군수 한회일·지평현감 박환이 약간의 군사를 이끌고 성내로 들어왔다.
그 밖의 군사는 태반이 미처 오지 못한 상태였다.

도착한 네 고을 군사가 성을 나누어 수비하고 있는데 파주목사 기종헌이 군사 수백 명을 거느리고 들어와 합세했다.

성안에 있는 군사가 통틀어 1만 2천여 명이었다.

문무관과 산관(일정한 직무가 없는 벼슬, 또는 그런 벼슬아치)이 2백여 명이었다.

또 종실(임금의 친족)과 삼의사(조선 시대에 내의원·전의원·혜민서를 통틀어 이르던 말)가 2백여 명, 하리(아전)가 백여 명, 노복(남자 하인)이 백여 명이었다.

마부대를 만난 뒤 한양에 머물고 있던 최명길과 이경직이 산성으로 들어왔다.

최명길은 마부대를 만나 나눈 이야기를 그대로 전했다.
"마부대가 화의를 정하려고 군사를 거느리고 삼전도에 와 있는데 바람이 불고 날씨가 추워 인가에 들어가 있으라고 했습니다. 그런데 마부대는 '화약(화목하게 지내자는 약속)이 아직 정해지기 전이니 바깥에서 눈바람을 맞을지라도 들어가지 않겠다.'고 했습니다. 그의 말과 얼굴빛이 절대로 다른 뜻은 없는 것 같았습니다."
온 조정은 최명길이 전한 마부대의 뻔한 거짓말을 여전히 굳게 믿었다.

12월 16일 아침 일찍 적병이 몰려와 성을 포위했다.
결국 성 안팎의 연락이 끊기고 말았다. 새로운 조약을 맺기 위해 왔다는 마부대의 말이 거짓말이라는 것이 드러났다.
그동안 마부대는 많은 군사가 도착하기를 기다리며 거짓말로 우리를 속인 것이다.
적병이 처음에 왔을 때는 그 수효가 많지 않았다. 눈바람을 헤치고 먼 길을 달려온 탓에 몰골이 마치 귀신 같았으며, 말들도 지칠 대로 지쳐 있었다.
만약 이때를 놓치지 않고 우리가 공격을 퍼부었다면 혹 이길 수도 있었을 것이다. 하지만 다급하게 남한산성으로 들어오느라 기회를 놓쳤다. 얼마 되지 않는 군사가 성첩을 지키고 있을 뿐인 데다 장수들도 겁을 먹고 있어서 감히 나가서 싸울 엄두를 내지 못한 것도

남한산성에 지어진 행궁의 정문인 한남루예요. 행궁은 유사시에 임금이 머물던 궁궐의 하나예요. 남한산성의 행궁은 광주행궁, 또는 남한행궁이라 했으며 인조 2년 9월에 서장대 아래쪽에 건립되었어요. 인조는 병자호란 때 한양을 버리고 남한산성 행궁으로 들어가 청나라군과 맞섰어요.

문제였다.

마부대는 왕자와 정승(영의정·좌의정·우의정)을 보내라고 재촉했다. 조정에서는 전하의 먼 친척에게 능봉군 직함을 내리고 왕자인 것처럼 꾸미기로 했다. 또 형조판서 심즙에게 가짜 대신의 직함을 주어 적진으로 들여보냈다.

그런데 적진으로 들어간 심즙이 사실대로 말하고 말았다.

"평생을 충과 신을 말했던 내가 비록 야만인일지라도 거짓말을 할 수 없소. 나는 가짜 대신이고, 능봉군도 친 왕자가 아니라 종실이오."
그러자 당황한 능봉군이 서둘러 말했다.
"심즙은 진짜 대신이고, 나도 진짜 왕자요."
이보다 앞서 심양으로 향하던 박노와 박난영이 마부대에게 붙들려 있었다. 마부대는 박난영에게 "누구 말이 옳으냐?"하고 묻자 박난영은 "능봉군 말이 옳습니다."하고 대답했다.
나중에 마부대는 속은 것을 깨닫고 박난영 목을 베었다.
결국 능봉군과 심즙은 빈손으로 돌아와야 했고, 할 수 없이 좌의정 홍서봉과 호조판서 김신국을 사신으로 삼아 직진으로 보냈다. 마부대를 만난 홍서봉이 말했다.
"봉림대군(인조의 둘째 아들. 훗날 효종)과 인평대군(인조의 셋째 아들) 중 한 분이 오셨어야 하지만, 두 분 모두 강화에 계시므로 아직 도착하지 못했소이다."

그러자 마부대는 "만약 소현세자(인조의 맏아들. 세자는 왕위를 이을 왕자를 뜻함)가 오지 않는다면 화의는 할 수 없소이다." 하며 홍서봉 등을 돌려보냈다.

이날 내가 전하께 아뢰었다.

"마부대가 처음에는 화약을 맺자며 왕자를 보내라 하더니, 이제는 세자를 보내라 하니, 이랬다저랬다 변덕이 심합니다. 이 어찌 화의를 맺자는 뜻이겠습니까? 세자를 보내라는 말은 신하로서 차마 들을 수가 없습니다. 세자를 보내시면 제 머리를 어전에서 부수고자 합니다."

나는 전하께 내 의견을 말씀드렸다.

"중국에서는 적의 머리 하나를 바치면 은 50냥을 상으로 주었습니다. 임진왜란 때 명나라 군사들이 죽음을 두려워하지 않고 덤벼든 것은 이 때문입니다. 지금 성안에는 재물이 별로 없지만 이서가 지닌 은 8천 냥이 있습니다. 적의 머리 하나에 은 10냥씩 상으로 주고, 만약 은 받기를 원하지 않는 자에게는 벼슬을 주겠다고 하면 많은 응모자가 몰려올 것입니다."

전하께서는 체찰사 김류에게 의견을 물으셨다.

체찰사는 "성을 지키는 군사의 숫자가 적은데 만약 적과 싸웠다가 패하면 크게 의욕을 잃을 것입니다. 적의 머리 하나에 은 10냥을 준다는 계책으로는 이 어려움을 해결할 수 없습니다." 하고 아뢰었다.

성안의 무장들은 모조리 적을 두려워하며 눈물을 흘리고 탄식 밖

에 할 줄 몰랐다.

모두 내 의견을 허술한 소리라고 했다. 그러나 전하께서는 뜻을 굽히지 않으셨다.

"적의 머리 하나에 은 30냥을 상으로 주겠다!"

상을 내걸자 병사들이 앞다투어 싸우러 나섰다.

그날 밤에 김류·홍서봉·이홍주·최명길·김신국·이성구·장유·한여직 등 여러 신하가 전하를 뵙고 말했다.

"적의 진영으로 동궁(세자)을 보내는 것이 옳을 것 같습니다."

그리고 그들은 청나라를 받들고 신하가 되기를 청했다.

하지만 전하께서는 그들의 뜻을 따르지 않았다.

사실을 알게 된 예조판서 김상헌이 화를 내며 소리를 질렀다.

"전하께 그런 건의를 한 자의 목을 당장 베고 말겠다! 그런 자들하고는 이 세상에 절대 함께 살지 않겠다!"

김류는 뒤늦게 잘못을 깨닫고 곧바로 대궐로 들어가 자신의 죄를 빌었다.

북성을 지켜야 할 총융대장 이서는 병으로 성을 지킬 수 없었다. 전하께서는 원두표를 어영부사로 삼아 북쪽 성을 지키게 하고 황즙을 중군으로 삼았다.

<u>12월 17일</u> 전하께서 위리안치(중한 죄인을 귀양 보내서 거처하는 집 둘레에 가시 울타리를 쳐서 나오지 못하도록 가두는 형벌) 이하의 모든 죄인은 석

방하라고 하셨다.
통곡하지 않는 신하가 없었다.
전하께서는 "하고 싶은 말이 있거든 누구든지 꺼리지 말고 말하오."라는 말도 하셨다.
심액의 아들인 광수가 대궐에 들어와 전하께 말했다.
"나라를 이 지경으로 망친 최명길의 목을 베십시오!"
그러나 전하께서는 대답하지 않으셨다.
겁에 질린 신하들은 모두 어찌할 바를 모르고, 얼굴빛이 사색이 되었다.

남한산성으로 들어오던 날, 병사 이진경은 말에서 떨어져 중풍에 걸렸다고 핑계를 대고 따라오지 않았다. 사람들은 남한산성으로 들어오는 것을 모두 죽는 것으로 여겼던 것이다.

12월 18일 남한산성의 북쪽 문을 지키던 어영대장 원두표가 군사를 모집해 성 밖으로 나가 싸웠다. 적 6명을 죽였다.
비록 큰 성과는 아니었지만 군사들은 얼마간 적을 공격할 자신감을 얻었다.
이날 내가 양식을 관리하는 관량사에 임명되었다.
창고 안의 곡식을 조사해 보니 남은 쌀과 잡곡은 겨우 1만 6천여 섬밖에 없었다. 이것은 성안의 군사 1만여 명의 한 달 양식밖에 안 되었다.
일찍이 이서는 남한산성 수어사가 된 뒤로 갖은 애를 써서 양식을 많이 저축해 놓았다.
그런데 이서가 병으로 물러나고 새로운 수어사가 된 광주목사 한명옥은 양식을 산성 안으로 운반하는 것을 민폐라 여기고 한강 부근 창고에 모두 저장했다.

그러다 그 양식을 모조리 적에게 빼앗기고 말았다.

현재 산성에 있는 양식은 이서가 물러나기 전에 비축해 놓은 것이고, 소금·장·종이·무명·병기와 그 밖의 물건들도 다 이서가 갖추어 놓은 것들이다.

성안 사람들은 이서야말로 나라를 지킬 충신이라고 칭찬했다.

평소에는 이서의 단점만 들추던 사람까지도 이제는 나라를 위해 충성을 다한 신하라며 입에 침이 마르도록 칭송했다.

<u>12월 19일</u> 남쪽 문을 지키던 호위대장 구굉이 병사를 이끌고 나가 적 20여 명을 죽였다.

군관 이성익도 나가 싸워 공이 있었으므로, 전하께서는 두 사람의 품계를 올려 주었다.

이날 바람이 몹시 불고 당장이라도 비가 쏟아질 것 같았다.

전하께서 김상헌을 시켜 성황당에 제사를 지내게 했다.

그런데 놀랍게도 세차게 불던 바람이 잠잠해지고 비도 내리지 않았다.

<u>12월 20일</u> 오랑캐 장수 마부대가 통역관 정명수를 보내와 평화조약을 맺자고 했다.

전하께서는 김류를 불러 그 말에 따를 것인지, 거절할 것인지를 물으셨다.

김류는 "성문을 열고 중신을 보내는 것이 좋을 것 같습니다." 하고 아뢰었다.

그 말에 내가 반대하고 나섰다.

"지금 성문을 여는 것은 옳은 판단이 아닙니다. 오랑캐들과 화약을 의논하기 위해 성문을 열고 나가게 되면 우리 군사의 사기가 많이 무너질 것입니다. 성 위에서 저들이 묻는 대로 대답하는 것이 좋을까 합니다."

전하께서는 내 말대로 성 위에서 말을 전하라고 하셨다.

12월 21일 어영대장 이기축이 군사를 거느리고 성 서쪽으로 나가 적 10여 명을 죽였다. 성 동쪽에서는 신경진이 군사를 데리고 나가 적 몇 명을 죽였다.

12월 22일 마부대가 또 통역을 보내왔다.

남한산성에 있는 수어장대예요. 남한산성에는 동장대, 서장대, 남장대, 북장대 등 4장대가 있었는데 제일 높은 곳에 위치한 서장대를 수어장대라고 불렀어요. 이곳에서 왕들이 직접 군사를 지휘하기도 했어요.

"이제부터는 동궁을 보내라고 하지 않겠다. 왕자와 대신을 보내면 화의를 맺겠다."

하지만 전하께서는 허락하지 않으셨다.

전쟁이 일어난 뒤, 우리 군사는 적군 백여 명을 죽였다.

대신 우리 군사는 5~6명만 죽었다.

화살을 맞아 부상한 사람도 7~8명밖에 되지 않았다.

전하께서는 병사들에게 음식을 내려 위로하셨다.

12월 23일 우리 부대가 적과 싸우러 성을 나섰다.

전하께서는 북문으로 가서 군사들을 격려하셨다.

부대마다 적을 얼마씩 죽였는데, 특히 북문 쪽에서 많이 죽였다. 우리 군사는 부상한 사람과 죽은 사람이 몇 안 되었다.

오랑캐들은 자기 편의 죽은 군사 시신을 거두는 것을 가장 큰 공으로 여긴다.

그래서 자기 편 군사가 사망하면 재빨리 운반해 갔기 때문에 우리 군사들이 죽은 적의 목을 벨 수가 없었다.

전하께서는 우리 군사가 비록 적의 목을 베어 오지 못했더라도 공이 분명할 경우에는 목을 베어 돌아온 군사와 똑같이 상을 내렸다. 그 와중에 어영군이 처음으로 적의 목을 하나 베어 와 높이 매달았다.
온 성안 사람들이 그 비참한 꼴을 보고 웃었다.

12월 24일 하루 종일 비가 쏟아졌다. 성을 지키는 군사들이 비에 젖어 이만저만 고생이 아니었다. 얼어 죽는 군사도 생겨났다.
전하께서는 소현세자와 함께 추운 날씨임에도 불구하고 바깥에 서서 하늘을 향해 빌었다.

"나라가 이 지경에 이른 것은 저희 부자의 죄가 큰 탓입니다. 성안의 군사와 백성이 무슨 죄가 있겠습니까? 부디 벌을 주시려거든 저희 부자에게 내리시고, 죄 없는 군사와 백성은 살려 주시옵소서!"
전하의 목소리가 흔들리고, 쏟아지는 눈물로 옷이 다 젖었다.
전하께 안으로 드시기를 청했지만 허락하지 않으셨다.
한참 지나서야 비가 멎고, 하늘에 별이 총총 뜨고 은하수가 선명했다.
춥던 날씨가 풀리자 성안 사람 모두 눈물을 흘리며 감격했다. 성을 지키던 군사 중에 딴 마음을 품은 자가 없는 것은 하늘이 전하의 축원에 감동한 때문임을 알 수 있었다.

12월 25일 날씨가 몹시 추웠다. 조정의 신하들이 적진으로 사신을 보내자고 했다.
나도 그 자리에 있었다.
나는 전하께 "얼마 전에 적들이 사람을 보내 화의를 청했으나 응하지 않았습니다. 그런데 까닭 없이 먼저 사신을 보내면 저들은 비가 쏟아진 뒤에 우리 군사가 많이 얼어 죽고 굶주림이 심해져서 사신을 보냈다고 생각할 것입니다."하고 아뢰었다.
그렇지만 여러 신하가 사신을 보내는 것이 옳다고 주장했다.
오직 김신국만이 내 의견에 찬성해 주었다.
전하께서 대신을 불러 의견을 물었다.

제2 남옹성 구간이에요. 옹성은 성문을 보호하기 위하여 성문 밖으로 한 겹의 성벽을 둘러쌓은 이중 성벽을 말해요. 성 안으로 진입하기 위해서는 이 옹성을 먼저 통과해야 했으며 성벽에서 밖으로 돌출되어 있어서 성문으로 접근하는 적을 3면에서 입체적으로 공격할 수 있도록 한 시설물이에요.

그러자 비국(조선 시대에 군국의 사무를 맡아보던 관아)에서도 역시 사신을 보내기를 청했다.

전하께서 말씀하셨다.

"우리는 저들에게 번번이 속아 왔소. 사신을 보내면 역시 욕을 볼 것이 뻔하지만 여러 사람의 의논이 그러하니 마지못해 그 뜻에 따라 사신을 보내도록 하겠소. 설이 다가오고 있으니 적에게 소와 술과 과일을 보내어 우리의 성의를 보이고, 적들이 서로 잘 지내던

시절을 기억할 수 있게 하시오. 또한 저 오랑캐의 속셈이 무엇인지 살펴보도록 하오."

12월 26일 호조판서 김신국과 전 도승지 이경직이 소와 술과 과일을 가지고 적진으로 향했다.
그런데 적은 그 선물을 받지 않고 돌려보냈다.
"우리는 날마다 소를 잡아 술을 마시며, 보배가 산처럼 쌓여 있는데 이런 것들을 무엇에 쓰겠소? 당신네 나라의 임금과 신하가 석굴 속에 들어가 굶주린 지 오래이니 도로 가져가 잘 먹도록 하시오."
그들에게 우리 임금이 욕을 낭한 셈이니 우리 신하는 모두 죽어 마땅했다.

12월 27일 성안에서는 날마다 응원군이 오기만을 손꼽아 기다렸지만 아무 소식이 없었다.
사람들은 밤이 되면 우르르 성으로 올라가 사방을 살펴보고는 했다.
강원감사 조정호는 본도의 군사가 미처 다 모이지 않자, 이끌고 있던 군사를 양근으로 후퇴시킨 뒤에 군사가 모이기를 기다렸다.
또한 권정길에게 군사를 거느리고 검단산 위로 올라가 횃불을 올려 호응하게 했다.
원주목사 이중길이 나라를 위해 죽을 각오로 적과 맞서 싸우겠다는 상소를 올렸다. 전하께서는 이중길의 품계를 올려 주도록 명하셨다.

하지만 며칠 뒤, 적과 맞선 이중길은 크게 패하고 이끌던 군사도 모두 흩어지고 말았다.

이중길의 상소는 헛된 장담에 불과했고, 아무 실속도 없이 끝났다. 결국 조정에서는 이중길을 잡아들여 품계를 삭탈했다

12월 28일 술사(술책을 잘 꾸미는 사람) 몇 사람이 성안으로 들어와서 이렇게 말했다.

"오늘은 화의를 하건 싸우건 다 운이 좋은 날입니다."

김류가 그들의 말을 믿고서 화의를 청하는 한편, 적과 싸우겠다고 했다. 나는 찬획사 박황에게 생각을 말했다.

"싸우려면 싸우고 화의하려면 화의할 것이지, 하루 동안에 어떻게 화의하고 싸우고 한단 말이오. 노래하면서 동시에 울려는 것과 뭐가 다르단 말이오."

김류는 직접 장수와 군사를 이끌고 남한산성 북쪽으로 나아가 싸움을 감독했는데, 성 아래 골짜기 굽이굽이에 적들이 숨어 있었다. 적은 대포 소리가 울리면 거짓으로 물러가는 척했다. 그들은 군사 몇 명과 말, 소를 남겨두고 물러가고는 했다.

그것은 우리를 꾀어내려는 수작이었다.

그들이 남겨 둔 군사는 포로로 잡힌 우리나라 늙은 백성이었고, 말과 소도 모두 약탈한 가축들이었다.

성 위에서 보고 있던 사람들이 일제히 소리를 질렀다.

"성에서 나가 싸우면 남겨 둔 사람과 가축을 모조리 빼앗아 올 수 있고 겁을 먹고 달아난 적도 없앨 수 있다!"

그런데 김류는 별 의심도 하지 않고 군사를 독촉해 성 아래로 내려가 적을 공격하게 했다.

그러나 산 위에 있던 우리 측 군사들은 적의 속셈을 몰라 아무도 내려가려고 하지 않았다.

유호는 김류에게 아첨을 하느라 "물러서거나 머뭇거리는 장수와 군사의 목을 베면 어찌 감히 나아가지 않겠습니까?"하고 말했다. 김류는 유호에게 칼을 휘둘러 병사들을 싸움터로 내몰라고 명했다. 유호가 덮어놓고 마구 칼을 휘둘러대자 군사들은 마지못해 적진으로 향했다. 우리 군사가 우르르 몰려가 적들이 남긴 포로와 가축을 거두는 동안 적들은 못 본 척 딴짓을 했다.

그러다 우리 군사가 모두 내려간 것을 확인한 순간 한꺼번에 달려들었다.

얼마 전 어떤 사람이 북쪽 소나무 목책을 태우면 진군하는 데 도움이 된다고 하자, 김류는 아무 생각 없이 목책을 불태웠다.

그 목책은 소나무를 베어 성 밖 80리에 걸쳐 세우고 줄을 쳐서 쇠붙이 그릇 따위를 달아 놓았다. 사람이 목책을 넘다 건드리면 소리가 나기 때문에 적의 공격을 쉽게 알 수 있었다.

그런데 그 목책을 태워 버렸으니 적이 공격을 해도 우리는 믿을 데가 없었다. 또 화약을 많이 주면 함부로 써버리거나 잃어버릴 것을 염려해 조금씩 주었다.

적들이 한꺼번에 달려들자 우리 군사들은 총을 쏘며 적과 맞섰지만 순식간에 총알과 화약이 떨어지고 말았다.

사방에서 총알과 화약을 달라는 소리가 아우성쳤다.

한바탕 접전이 벌어졌지만 총알과 화약이 없는 우리 군사들은 공포를 쏘고, 치고받으며 버텼으나 아무 소용이 없었다.

화약과 탄환이 없어 적을 막아 낼 수가 없는 데다가 산길이 몹시 가팔라서 도망칠 수도 없었다.

결국 우리 군사는 전멸을 당하고 말았다.

유호는 우리 군사가 섬멸당하는 것을 보고 그때서야 하급 장교에게 깃발을 흔들어 후퇴 신호를 보내게 했다.

하지만 성 위와 성 아래가 멀리 떨어져 있어서 후퇴 깃발을 볼 수가 없고, 죽기 살기로 싸우는 와중에 성 위의 깃발을 보기란 불가능한 일이었다.

유호는 김류에게 "우리 군사가 재빨리 물러나지 못한 것은 깃발을 흔든 장교에게 책임이 있습니다. 그자의 목을 베지 않으면 군정을 시원하게 처리할 수 없습니다." 하고 말했다.

김류가 유호의 말대로 하급 장교의 목을 베자, 많은 군사가 억울하게 죽은 하급 장교를 안타까워하며 울분을 터뜨렸다.

조양출이 죽을힘을 다해 적을 수없이 없애고, 몸에 화살 9대를 맞

남한산성 북문이에요. 전승문이라고도 해요. 청나라군이 쳐들어왔을 때 당시 영의정이었던 김류의 주장에 의해 군사 300여 명이 북문을 열고 나가 청나라군을 공격했지만 적의 계략에 빠져 전몰했어요. 남한산성에서 벌어진 최대의 전투이자 최대의 참패였어요. 정조 3년에 성곽을 수리했는데 패전을 잊지 말자는 뜻으로 전승문이라 이름을 붙였어요.

고서도 살아 돌아왔다.

김류는 이번 싸움의 패배를 누구에게 책임을 물을 것인가를 궁리하다 북쪽 성을 지키던 홍두표가 협조를 하지 않았다고 트집을 잡았다.

김류가 홍두표를 사형에 처해 책임을 물으려 하자 좌의정 홍서봉이 불같이 화를 냈다.

"책임자인 장수가 잘못해 패한 싸움을 부하에게 죄를 돌릴 수는 없소!"

김류는 하는 수 없이 대궐 문 앞에 엎드려 치벌을 기다리고, 홍두표는 곤장을 맞았다.

곤장 80대를 맞은 홍두표는 거의 다 죽었다가 살아났다.

오늘 싸움에서 죽은 사람이 300명이 넘었다.

그런데 김류는 죽은 사람이 40여 명이라고 거짓 보고를 했다.

그로 인해 김류는 장수와 군사들에게 신뢰를 잃고 말았다.

별장 신성립·지학해·이원길 등 용감한 장수와 군사들이 오늘 대부분 사망했다.

때문에 군사의 사기가 땅바닥으로 뚝 떨어지고, 적과 싸

우려는 의욕도 곤두박질쳤다. 조정의 신하들도 오직 적과 화의할 생각만 하고 있을 뿐이었다.

한양을 지키던 유도대장 심기원이 "호조참의 남선, 어영별장 이정길과 함께 포병 370여 명을 데리고 나가 아고개(지금의 아현동 고개) 경기감사 서경우의 집 근처에 주둔해 있던 적 4~5백 명을 공격하여 많이 죽였습니다."는 보고를 보냈다.

보고를 받은 전하께서는 심기원을 제도도원수에 임명하고, 이정길의 품계를 높여 주었다.

김류의 군사가 크게 패한 뒤에 날아온 심기원의 보고는 날카로워진 인심을 조금 안정시켜 주었다.

조정에서는 김자점을 당장 파면하고 심기원으로 대신하게 하려고 했다.

그런데 "적을 아직 평정하지도 않았는데 군사를 이끌고 있는 대장을 경솔하게 바꾸면 여러 가지 문제가 생길 것입니다."라는 의견도 있었다. 그래서 김자점을 파면하지 않고 시기를 기다리기로 했다. 그런데 뒤에 밝혀진 사실은 심기원의 보고는 모두 거짓이었다.

심기원과 남선은 삼각산에 운반해 놓은 전투 물자를 적에게 모조리 뺏기고 적의 추적이 두려워 양근(경기도 양평) 깊숙이 도망쳤던 것이다.

결국 각도의 군사들이 원수가 있는 곳을 알고 모조리 그곳으로 따라 들어간 바람에 끝끝내 임금을 위해 힘을 쓸 수가 없었다.

남한산성에 들어온 뒤에 남선과 예조정랑 선극항, 직장 최문한, 호조좌랑 임선백은 다시 한양으로 가기를 청했다. 성에서 나가는 것이 안전하다고 여긴 탓이었다. 하지만 성을 나선 남선과 임선백은 적을 만나 간신히 목숨을 건졌다. 하지만 전극항과 최문한은 적에게 목숨을 잃고 말았다.

누구 한 사람도 달려와 싸우겠다고 나서지 않는 마당에 충청감사 정세규만이 군사를 거느리고 달려왔다. 정세규는 남한산성이 빤히 바라다보이는 광주 험천산성에 진을 쳤다.

하지만 적에게 패하고 가까스로 살아났을 뿐, 성과가 없었다. 그래도 죽음을 두려워하지 않은 충성만은 높이 살만했다.

나는 전하를 뵐 때마다 아뢰었다.

"전하께 충성을 다하는 신하는 오직 정세규 한 사람이 있을 뿐이고, 조정호가 그 다음입니다. 이 두 사람 외에는 모든 장수가 가만히 앉아 임금의 눈치만 살피고 있을 뿐, 임금을 위해 조금도 힘쓰지 않습니다. 모두 마땅히 군법으로 처단해야 합니다. 나라가 안정을 되찾은 뒤에 죄를 묻게 되면 사람들이 구원해 주려 해서 죄를 다스리기 어렵습니다. 성안에 있을 때 그들의 죄를 정해 두셨다가 성을 나간 뒤에 그들을 반드시 참형에 처하시옵소서. 그렇게 하지 않으시면 군법을 세우실 수가 없게 됩니다. 성안의 모든 백성이 충성을 다하지 않는 그들에게 울분을 터뜨리는데 전하께서는 어찌 분노하는 마음이 없으십니까?"

하지만 전하께서는 아무런 대답이 없으셨다.

충청도 병사 이의배는 늙고 본래 겁이 많은 사람이었다. 오랫동안 죽산산성(지금의 안성군 죽산에 있는 산성)에 주둔하고 있으면서 군사를 보내지 않고 머뭇거리기만 했다. 그러다 조정의 뜻이 몹시 엄하다는 것을 알고 뒤늦게야 군사를 이끌고 경상도 좌·우 병사가 진을 치고 있는 곳으로 향했지만 패하고 말았다. 그런데 이의배가 적을 피해 달아나서 목숨을 건졌다는 말도 있고, 굴 속에서 스스로 목숨을 끊어 뒤에 시체를 찾았다는 말도 있었다. 나중에 부관참시(무덤을 파서 시체를 끌어 내어 목을 베는 형벌) 하자는 의논까지 있었다.

12월 29일 별다른 일이 없었다.

12월 30일 바람이 몹시 불고 날씨가 매우 음산했다.

59

이날 적이 광나루·마포·헌릉(조선 태종의 비인 원경왕후의 무덤) 세 길로 진군해 왔다. 적은 아침 해가 뜰 때부터 시작하여 저녁 해가 질 무렵까지 진군을 멈추지 않았다.

적이 진군을 멈추자 종일 심하게 불던 바람도 멈추었다.

적의 숫자가 얼마나 되는지는 알 수 없었으나, 흰 눈이 산과 들을 뒤덮었는데 하얀 눈밭이 한 곳도 남아 있지 않을 정도였다. 그만큼 적의 숫자가 엄청나다는 것을 짐작할 수 있었다.

적의 숫자는 나날이 늘어나는데 우리를 도와줄 구원병은 오지 않았다. 이미 적과 싸울 의욕을 잃은 우리 군사는 많은 숫자의 적을 보고 심하게 주눅이 들 수밖에 없었다.

행궁 근처에 까치들이 집을 지었다. 사람들은 까치집을 보고 좋은 징조라고 했다. 성안에서 오직 믿을 것은 까치집 하나밖에 없었다. 얼마나 절박한 심정인지 넉넉히 짐작할 수 있었다.

1637년 1월 1일 새해 첫날, 일식이 있었다. 광주목사 허휘가 떡 한 그릇을 만들어 전하께 올리고 모든 관원에게도 떡 몇 가래씩 나누어 주었다. 떡을 받고 눈물 흘리지 않는 이가 없었다.

아침에 선전관 위산보로 하여금 용골대에게 말을 전하게 한 다음 김신국·이경직이 적의 진영으로 찾아갔다.

그러자 용골대가 말했다.

"어제 황제가 오셔서 방금 산성의 형세를 순찰하고 계시오. 이제부

터의 일은 우리가 알 바 아니오. 황제께서 진중으로 돌아오신 다음에 말씀드릴 것이니 내일 다시 오시오."

조정의 신하들은 내일 다시 오라는 말을 다행으로 여겼다.

그런데 적들은 먼저 도착한 위산보의 머리채를 끌고 들어갔다 한다. 다른 오랑캐들이 말려서 간신히 벗어났는데, 돌아와 보고를 할 때의 위산보 모습은 거의 정신이 나간 사람 같았다.

참 제대로 생기지 못한 인간이었다.

조정에서는 번번이 이렇게 부족한 자를 뽑아서 적진에 보내고 있으니, 쓸 만한 사람이 그만큼 없다는 뜻이다.

오후에 적들이 동쪽 성 밖에 두 개의 양산(햇볕을 가리는 큰 양산)을 세우고 두 개의 큰 깃발을 꽂고 화포를 쏘았다.

틀림없이 청나라 임금이 온 모양이다.

1월 2일 홍서봉·김신국·이경직이 적진으로 들어갔다. 오랑캐들은 누런 종이를 황제의 편지라며 탁자 위에 놓았다. 그러고는 홍서봉 일행에게 네 번 절을 하게 한 뒤에야 편지를 가져가게 했다.

편지의 내용은 다음과 같았다.

'우리가 지난해에 올량하(명나라 때 몽골 동부의 지역)를 공격할 때 너희는 군사를 일으켜 명나라를 도와 우리 청나라를 공격했다. 그러나 우리는 이웃끼리 사이좋게 지내기를 바라는 마음으로 끝내 상관하지 않았다. 그런데 요동을 얻게 되자 너희는 다시 우리 백성을 붙잡아 명나라에 바쳤으므로 내가 크게 노해 정묘년에 군사를 일으켜 너희를 정벌하였다.

일이 그러하거늘 어찌 우리가 강함을 믿고 약한 자를 능멸하여 군사를 일으켰다고 할 수 있겠느냐?

그런데 그 후에 너는 네 신하들에게 "정묘년에는 어쩔 수 없었지만 이제는 정의롭게 결단을 낼 때가 되었다. 경들은 각기 나라 곳곳에 알려 충성스러운 사람들은 적과 싸울 꾀를 내게 하고, 용감한 사람들은 군사가 되도록 하라." 하고 말했다.

왜 그런 말을 하였느냐? 너의 그런 말 때문에 내가 친히 대군을 거느리고 왔다.

정묘년에 너희를 정벌하러 오자, 너희는 섬 가운데로 달아나서 사신을 보내 강화를 빌었다.

나는 힘이 강하다는 것을 앞세워 너희를 범하지 않았음에도 어찌하여 힘이 약한 너희는 우리 청나라 국경을 소란하게 하고 산삼을 캐는 나의 백성과 사냥하는 나의 백성을 끌고 가 명나라에 바쳤느냐? 또 명나라의 공·경 두 장수가 귀순하려 하자 나의 군사가 그들을 응접하려 하는데 어찌하여 너희 군사가 대포를 쏘아 방해를 한 것이냐?

또한 내 동생과 조카 등 여러 왕이 너희에게 글을 보냈는데, 왜 글을 주고받은 적이 없다고 하느냐? 내 동생이나 조카가 너희만 못하느냐? 또 외번(자기 나라에 속해 있는 예속된 나라)의 제왕이 너희에게 글을 보냈으나 너는 끝내 거절하고 받지 않았다. 그들은 곧 대원황제의 후예(여기에서는 원나라를 말함)인데 어찌 너만 못하냐? 대원 때에는 너희 조선이 끊이지 않고 조공을 받쳤는데, 어찌하여 하루아침에 이처럼 도도해졌느냐? 외번의 제왕이 보낸 글을 받지 않은 것은 너의 교만함이 하늘에 닿아서이다.

나는 너희를 동생으로 대접했음에도 불구하고, 너는 배신하여 스스로 나의 원수가 되었다. 그리하여 힘없는 백성을 도탄에 빠뜨리고, 도성과 대궐을 버렸으며, 부인과 자식들과도 헤어진 형편이다. 겨우 한 몸이 산성으로 달아나 비록 천 년을 산다한들 무슨 복이 있겠느냐?

정묘년의 부끄러움을 씻자고 눈앞의 안락을 깨뜨리고 스스로 화를 불러서 후세에 웃음거리로 남으려 하는구나.

이번의 치욕을 장차 어떻게 씻으려 하느냐? 만일 정묘년의 치욕을 씻으려고 생각했다면 어찌하여 여자가 집에 들어앉아 있듯 성안에 틀어박혀 있느냐?

네가 비록 성안에 몸을 숨기고 있지만 내가 너를 놓아줄 것 같으냐? 또 너는 나를 황제라 부르는 것은 조선 땅에서는 차마 있을 수 없는 일이라 했다는데, 이는 또 무슨 소리인가?

하늘이 도우면 보통 사람도 황제가 될 수 있고, 하늘이 화를 내면 황제라도 한 사람의 보통 사람과 다를 바 없으니, 네가 한 말은 모두 정신나간 소리가 아닐 수 없다.

너희는 맹약을 어기고 나와 맞서기 위해 성을 쌓았으며 내가 보낸 사신 대접하기가 예전만 못해졌다.

뿐만 아니라, 지난 봄에 내가 보낸 사신을 왜 사로잡으려 했느냐? 명나라를 아비로 섬기고 우리 청나라를 해치려 하는 것은 무엇 때문이냐?

여기에 적은 내용은 그동안 너희가 저지른 큰 죄를 말했을 뿐, 작은 죄는 이루 다 말하기가 어려울 만큼 많다. 이제 내가 대군을 이끌고 왔으니 너희 팔도를 샅샅이 휩쓸겠다. 너희가 아버지로 섬기는 명나라가 어떻게 너희를 구원하는지 두고 보겠다.

자식이 위험에 빠졌는데, 구하지 않는 아버지가 있겠는가. 만약 명나라가 너희를 구하지 않는다면 너는 백성을 물과 불 속에 몰아넣은 셈이 된다.

그러면 어찌 수많은 백성이 너에게 원한을 품지 않겠는가. 할 말이 있거든 분명히 말하라. 막지 않겠다.'

편지를 읽은 신하들은 어찌할 바를 몰랐다.

하지만 한편으로는 조만간 성에서 나갈 수 있겠다는 생각으로 다행스럽게 여기는 빛이 역력했다.

오랫동안 병석에 누워 지내던 이서가 눈을 감았다.

5, 6일 전에 큰 별이 성 밖으로 떨어진 적이 있었다.

천기를 보는 사람이 틀림없이 적의 대장이 죽을 것이라고 했는데, 도리어 우리의 좋은 장수를 잃었다.

성안의 모든 사람이 이서의 죽음을 비통해했다.

(훗날, 정조는 온조왕이 모셔져 있는 숭렬전에 이서의 위패를 함께 배향했다.)

1월 3일 날씨가 몹시 추웠었는데 오늘부터 약간 누그러졌다. 도성 창고지기의 아내가 오랑캐 진중에 잡혀 있다 도망을 쳐 왔다.

"몽골 군사로 이루어진 청나라 군대가 지난 12월 30일과 1월 1일에 한양 곳곳의 집들을 불태워 없앴고 백성을 사로잡고 노략질해서, 한양이 쑥밭이 되었습니다."

듣기에도 참혹한 소식이었다.

홍서봉·김신국·이경직이 답장을 들고 적진으로 들어갔다.

'조선 국왕은 삼가 대청국 관온인성 황제께 글을 올립니다. 작은 나라가 큰 나라인 청나라에 잘못을 지어 전쟁이 일어났고, 그로 인해 성안에 갇힌 신세가 되어 몹시 위태로운 나날을 보내게 되었습니다.

숭렬전은 남한산성에 있는 온조 사당이에요. 인조 16년에 지은 사당으로 백제의 시조인 온조왕을 모시고 있어요. 뒷날 남한산성을 쌓을 당시 총책임자였고 병자호란 때 죽은 이서의 위패를 함께 모셨어요. 정조의 꿈에 온조왕이 나타나 혼자 쓸쓸하니 명망 있는 신하와 같이 있게 해 달라고 했어요. 정조는 남한산성을 쌓은 공로자인 이서를 같이 모시게 했어요. 숭렬전은 백제의 시작을 밝히는데 매우 중요한 자료예요.

어제 황제께서 후미진 산골까지 오셨다는 말을 전해 들었습니다. 정묘년에 맺은 약속을 또렷하게 기억하시는 황제께서 꾸짖으시니 스스로 지은 죄를 알겠습니다.

이제 작은 나라가 큰 나라에 지은 죄를 용서받을 기회를 얻은 것 같습니다.

국경 부근에서 산삼을 캐던 청나라 백성을 납치해 명나라에 포로로 바친 일이나 명나라의 공·경 두 장수가 청나라에 귀순하는 것을 방해한

일 등은 전혀 저의 본심이 아니었습니다.

허나 의혹을 쌓은 잘못까지는 면치 못하겠습니다.

또한 지난해 청나라 사신을 불편하게 대접한 일에 대해서는 그 죄를 용서받기 어려운 일입니다.

사신을 따라온 사람들이 장차 청나라 대군이 조선을 공격할 것이라고 위협하고, 청나라 사신이 글을 지을 때 도리에 어긋난 내용이 많아서, 아는 것이 얕고 부족한 제 신하들이 청나라에 노여움을 사는 일임을 잊은 채 잘못을 저질렀습니다.

그 모든 일이 어찌 신하들이 저지른 일이고, 제가 아는 바가 없다고 할 수 있겠습니까?

하지만 사신을 잡아 가두려 했다는 말은 절대로 사실이 아닙니다. 청나라의 군사가 여러 번 우리 국경을 넘어왔지만, 우리는 화살 한 번 쏘지 않고 형제의 맹약을 중하게 여겼습니다.

그런데 어찌하여 억울한 소리가 황제의 귀에까지 들어갔을까요? 하지만 이 모두 저의 정성과 믿음이 부족한 데서 청나라의 의심을 받게 되었으니 누구를 탓하겠습니까.

또한 마장(마부대)이 말하기를, 새로운 조약을 맺기 위해 왔노라고 했으므로 저는 그 말을 굳게 믿고 의심하지 않았습니다.

그런데 일이 이렇게 될 줄 어찌 짐작이나 했겠습니까?

정묘년에 하늘에 대고 굳게 맹세한 약속(형제처럼 지내기로 한 약속)을 생각하시어, 작은 나라 백성의 목숨을 불쌍하게 여겨 주시면 마음을 새롭게 하여 황제께 복종하겠습니다.

만약 대국이 끝내 용서하지 않고 군사를 움직여 제 잘못을 벌하려 하신다면 저는 스스로 죽음을 택할 수밖에 없습니다.'

마부대가 우리 사신들에게 말했다.
"황제께서 다스리는 여러 왕이 몽골 부대를 이끌고 이리로 오고 있다. 왕들이 모인 다음에 의논해서 답을 주도록 하겠다."
결국 홍서봉 일행은 빈손으로 돌아올 수밖에 없었다.

1월 4일 기평군 유백증이 전하께 글을 올렸다. 영의정이자 도체찰사인 김류, 강화도에 있는 전 영의정 윤방에게 나라를 그르친 죄를 물어 참형에 처하기를 청했다.
전하께서는 특명을 내리시어 유백증을 파직하고 이목이 그 자리를 대신하게 하셨다. 그리고 파직한 유백증은 협수사로 삼으셨다.

1월 5일 함경남도 병마절도사 서우신의 부하가 보고를 했다.
"함경남도 병마절도사가 민성휘 순찰사와 함께 마병 1만 3천 명을 이끌고 새로 임명된 도원수 심기원이 있는 광릉에 도착하였습니다. 며칠 안에 진군하여 적을 공격할 것입니다. 또한 함경북도 병마절도사도 곧 군사 4천을 거느리고 광릉에 도착할 것입니다."
전라도 병마절도사 김준룡의 부하 장교는 "전라도 병마절도사는 1

만여 군사를 거느리고 달려와 광교산(수원과 용인의 경계에 있는 산)에 주둔하고, 이시방 감사께서도 군사들을 거느리고 이미 직산(지금의 철원군 직산면)에 도착하였습니다."라고 보고했다.

그런데 군사 두 명이 성 밖으로 뛰어내려 달아나려다 붙잡혀 사형을 당했다.

1월 6일 안개가 몹시 짙어 대낮에도 몹시 어두웠다.
이날 평안도 병마절도사 유임과 부원수 신경원이 보고하기를 "오랑캐 군사 5천여 명이 장성에서 달려왔는데 창성·삭주 두 고을을 다스리던 부사는 생사를 알 길이 없고 영변의 부원수가 있는 곳은 포위됐습니다."라고 했다.
함경도 관찰사 민성휘는 "금화에 와 있는데, 함경남도 병마절도사 서우신이 며칠 안에 도착하면 같이 출발하겠습니다."라고 보고했다.

강원도 관찰사 조정호 보고도 올라왔다.

"검단을 지키던 우리 군사가 적을 만나자
모두 뿔뿔이 흩어져 버렸습니다. 남은 군사를 다시 모은
뒤에 함경도 관찰사와 함께 출발하겠습니다."

1월 7일 도원수 김자점이 보고했다.

"지난달 12월 20일에 황해도에서 적을 무찌른 뒤, 거느리고 있던
군사 가운데서 3천 명을 뽑아 황해도 병마절도사 이석달의 군사와
합쳐 신계로 와서 머물고 있습니다. 또한 곡산군수가 군사 5백 명
을 이끌고 이미 광릉에 도착했습니다."

전라도 관찰사는 "양지(지금의 용인)로 진군하여 군사 2천 명을 먼저
광교산으로 보내 전라도 병마절도사의 군사와 합쳤습니다. 현상금
을 걸어 군사 2백 명을 모집해 세 장수가 이끌게 하여 적을 쳐부수
었습니다. 또 전라도 수군통제사에게 글을 보내 군사 3백 명을 거
느리고 며칠 안으로 도착하게 했습니다. 승려인 각성 등 두 사람을
승장(승려로 이루어진 군대의 장수)으로 삼아서, 각각 도내의 1천 명을

남한산성 안에 있는 개원사예요. 승병으로 이뤄진 승군 본영이었어요. 벽암 각성대사가 조선 8도 도총섭(승려 가운데 최고 직위)으로 전국 승려를 관장하여 남한산성의 수축 임무를 수행했어요. 그리하여 남한산성 안에 조선 8도의 사찰이 건립되고 호국 의승군의 정신적 도량이 되었어요. 남한산성 운영에서 승군의 역할이 아주 컸어요. 승군은 각 도의 사찰에서 차출되어 매년 2개월씩 군사 훈련을 했어요. 승군은 성안의 9개 사찰에 머물며 비상시에 전투에 나아가 적을 토벌하는 한편, 군량미 수송, 성곽 축조와 보수, 동전 개간, 무기 제작, 시신 수습과 같은 중대한 임무를 수행했어요. 또한 종교적인 의식을 수행하는 것은 물론 책을 만드는 일 등 여러 중요한 일에 동원되었어요.

소집하여 역시 며칠 안으로 도착하게 했습니다. 그런데 저는 이끌고 있는 군사가 얼마 되지 않아서 적과 맞서기가 어려우므로 경상도 관찰사에게 연락을 해 부대를 합친 뒤에 달려가겠습니다."라고 보고했다.

전라병사 김준룡의 보고는, 적이 험한 곳에 숨어 곳곳에 진을 치고 있으므로 상황을 살펴 전진하겠다고 했다.

편지를 들고 달려온 사람은 사흘 동안 낮에는 숨어 있다가 밤에만

남한산성 안에 있는 국청사예요. 인조 2년에 벽암 각성대사가 창건했어요. 각성대사는 8도의 승병을 동원하여 남한산성을 쌓으면서 외적의 침입에 대비하여 비밀리에 무기와 화약·군량미 등을 비축해 두기 위해 국청사와 천주사·개원사·남단사·한흥사·장경사·동림사 등 7개 사찰을 세웠어요. 개원사는 오늘날의 대한불교 총본부인 조계사와 같이 조선불교 총본부 역할을 했던 곳이에요.

움직여 성안으로 들어왔다고 했다.

그는 오는 도중에 청나라 군사에게 우리 군사가 적병과 사흘 동안 싸워 적을 많이 죽이고, 사로잡았다는 말을 전해 들었다고 한다.

이후원이 여러 사람이 모여 있는 자리에서 이렇게 말했다.

"설을 쉰 후에 사헌부와 대사헌과 사간원에서 회의를 하여 세자를 적에게 보내기를 청한 일, 좌의정이 적진으로 들어가 흉측한 글을 받아 가지고 온 일, 이조판서가 끝끝내 화의를 주장하여 나라를 그르친 일 등의 죄를 아뢰려고 했는데, 사헌부와 대사헌의 장관과 여러 관리가 일이 끝나기를 기다렸다가 아뢰는 것이 좋겠다 하여 우선 중지하고 있습니다."
그런데 일을 꾸몄던 몇 명이 장차 벌을 면치 못할 것임을 눈치채고 슬그머니 성을 나가 버렸다.

1월 8일 아침에 눈이 오고 종일 구름이 낀 흐린 날씨였다.

1월 9일 성 안팎이 더욱 서로 통하지 않고, 각 도의 관찰사와 병마절도사의 보고 역시 끊어졌다.

1월 10일 햇무리가 두 겹으로 졌다. 전하께서는 예조판서 김상헌을 보내 온조왕을 모신 숭렬전에서 제사를 지내게 하셨다. 어영별장 김언림은 밀양 사람으로, 본래 종기를 입으로 빨아 사대부들과 교제를 맺었다. 그는 자신의 침술 실력이 용하다고 자랑했지만 혈맥도 잘 몰라 사람을 죽인 일도 많았다.
김언림은 김류를 찾아가 말했다.
"제가 밤에 성에서 나가 적을 죽이겠습니다."
"몇 사람이나 데리고 가서 싸우겠느냐?"
"한 사람만 데리고 가겠습니다."
"아니, 한 사람만 데리고 가서 어떻게 하겠다는 것이냐?"

"제 생각으로는 오히려 한 사람도 많습니다."

이튿날 아침에 김언림이 적을 죽이고 그 머리를 들고 왔다.

전하께서는 공을 세운 김언림에게 면주(명주실로 무늬 없이 짠 천) 3필을 상으로 내렸다.

김류는 적의 머리를 군문(군영의 입구)에 매달라고 지시했다.

그런데 시체 머리에 피가 한 점도 묻어 있지 않았다. 피부도 하얗게 얼어 있어서 사람들이 모두 의아해했다.

그런데 원주의 한 장교가 달려들어 그 머리를 떼어 품에 안고 통곡을 했다.

"형님, 아, 형님은 어찌하여 두 번이나 죽으셨습니까!"

김언림은 저번에 김류가 우리 군사를 내몰아 모두 죽게 했을 때, 그때 죽은 자의 목을 베어 온 것이다.

형의 머리를 껴안고 울부짖는 장교를 보며 사람들은 모두 눈물을 흘렸다.

김류는 거짓 공을 세우려 한 김언림을 원두표에게 보내 군사들 앞에서 목을 베게 했다.

1월 11일 해 뜰 무렵 햇무리가 있고 흰 기운이 동쪽에서 서쪽 하늘로 길게 뻗쳤다.

예조판서 김상헌이 "사람이 궁하면 근본을 생각하게 되는 것입니다. 갑자기 이런 위급한 일을 당했으니, 전하께서는 친히 숭은전 영정(원종. 인조의 아버지)에 제사를 지내셔야 합니다." 하고 아뢰었다.
전하께서는 그의 말을 좇으셨다.

전하께서는 새벽녘에 대궐을 나서 영정을 봉안해 놓은 개원사로 향하셨다. 많은 신하가 전하를 따라갔다.

전하는 제사를 끝내고 아침 전에 궁궐로 들어오셨다.

남한산성에 들어온 후부터 성안에는 까치, 까마귀가 보이지 않았다. 그런데 이날 여러 마리의 까치, 까마귀가 성안으로 날아왔다. 모두 좋은 징조라며 기뻐했다.

내가 장유를 보고 말했다.

"강화하자는 말은 어쩔 수 없이 나온 말이지만 적들에게 강화하기를 애걸하면 절대로 안 될 일이고 마땅히 옳고 그름을 따져 말해야 할 것입니다."

장유도 내 의견에 찬성하며 내가 말한 내용을 글로 지어 부제학 이경석으로 하여금 전하께 아뢰게 했다.

전하께서는 영의정 김류와 함께 그 글을 받아 보셨다.

영의정은 오직 애걸함을 요지로 삼은 최명길의 글을 채용하기를 청하였다. 결국 장유의 글은 채택되지 않았다.

적들은 세 갈래로 군사를 나누어 강변 곳곳에 진을 쳤다. 이는 우리를 도울 구원병이 올까 두려워서였다.

날이 갈수록 인심이 더욱 날카로워졌다.

이날 밤에 달무리가 있었다.

1월 12일 좌의정 홍서봉과 최명길·윤휘·허한이 전하가 보내는 글을 들고 적의 진영으로 들어갔으나 전하지는 못했다.

저들은 내일 다시 서문으로 찾아오라는 말만 했다.

또한 새 장수가 왔노라며 매우 다급해 하는 기색이었다.

우리의 동쪽과 서쪽 두 영에서 전해 오기를 적병이 많이 나타났다고 했는데, 용골대(청나라 장수)가 왔다고 한 말이 이것을 가리킨 듯했다.

또 들리는 말에, 적 수천 명이 이필현(어디인지 알 수 없음)으로 갔다는데, 혹 우리 군사가 이필현 근처로 접근할까 봐 염려되었다.

1월 13일 서남풍이 몹시 강하게 불었다.

전하께서는 남쪽 성을 순시하셨다.

그런 다음 홍서봉·최명길·윤휘를 적진에 보내셨다.

용골대와 마부대는 전하께서 보낸 편지를 받고 맹약을 어겼다며 까닭 없이 화를 냈다.

최명길이 가슴을 치고 머리를 조아리며 말했다.

"그것은 우리 전하의 뜻이 아니라 신하의 죄입니다. 창자를 꺼내어 전하의 뜻이 아니었음을 밝히고 싶을 따름입니다."

그러자 용골대와 마부대는 며칠 안으로 청나라 임금의 명에 따라 대답하겠다고 약속했다.

우리가 적진에 보낸 편지 내용은 다음과 같다.

'최근에 저의 신하가 제가 보낸 글을 들고 품청(윗사람이나 관청 따위에 여쭈어 청함)하고 돌아와 말하기를 황제께서 장차 다음 명령을 내릴 것이다, 하여 저와 신하들은 목을 늘이고 발꿈치를 돋워 날마다 폐하의 말씀을 기다렸습니다.

그런데 열흘이 넘도록 잘잘못에 대한 말씀이 없으므로 힘이 빠지고 마음이 어수선하여 다시 아뢰지 않을 수가 없습니다.

우리나라는 전에 큰 나라의 은혜를 입어 형제의 우애를 하늘과 땅에 맹세하였습니다. 비록 국토에는 크고 작은 구분이 있으나 정의에는 간격이 없으므로 자손만대에 끝없는 복이 되리라 했습니다.

그런데 쟁반의 피(맹약할 때 제물로 바친 가축의 피를 마심)가 미처 마르기도 전에 의심과 틈이 생겨서 위급한 상황에 빠지고 천하의 웃음거리가 될 줄을 어찌 짐작이나 했겠습니까?

그러나 이리된 데는 모두 저의 천성이 나약하고, 저의 신하가 사리분별이 어두워 오늘의 일이 터졌습니다.

형은 아우의 잘못을 보면 노하여 꾸짖는 것이 마땅합니다.

그러나 책망이 너무 엄하면 도리어 형제의 의리에 틈이 생길 것이니, 어찌 하늘이 괴이하게 여길 일이 아니겠습니까?

우리나라는 매우 후미진 바다 한구석에 있어, 오직 시 짓기와 글 읽기를 일삼으며 전쟁을 익히지 않았습니다.

약한 힘이 강한 힘에 복종하고, 작음이 큰 것을 섬기는 것은 당연한 이치인데, 어찌 감히 대국과 겨루려 하겠습니까?

다만 우리는 대대로 명나라의 두터운 은혜를 받아 왔고, 그리하여 오랫동안 임금과 신하의 관계로 지내왔습니다.

일찍이 임진왜란 무렵, 우리나라의 흥하고 망함이 아침저녁에 달려 있을 때, 신종 황제께서 천하의 군사를 동원하여 우리를 구원해 주셨으므로 우리나라의 백성은 아직도 마음 깊이 그 고마움을 새기고 있습니다. 차라리 대국(청나라)에 죄를 지을지언정 차마 명나라를 배반하지 못한 것은 명나라의 은혜가 우리 백성의 마음을 깊이 감동시켰기 때문입니다.

남에게 은혜를 베푸는 방법은 한 가지뿐이 아닙니다.

위험에 빠진 나라를 구하는 방법에는 군사를 보내 도와주는 것도 있지만 군대를 철수해 다시 잘 살아갈 수 있도록 하는 것도 있습니다.

그 둘의 방법은 서로 달라도 그 은혜는 똑같습니다.

지난해 제가 사리에 어두워 일 처리를 잘못하여, 여러 번 대국의 간곡한 가르치심을 입었는데도 불구하고 오히려 깨닫지 못하고 대국의 군사가 몰려오게 했습니다.

군사와 신하, 부자(인조와 세자)가 너무 오래 외로운 성에 갇혀 있어 초라하기가 이를 데 없습니다.

대국이 우리 스스로 새로워질 기회를 주시어, 종묘사직(왕실과 나라를 통틀어 이르는 말)을 보존하고 오래오래 대국을 받들게 하신다면, 작은 나라의 임금과 신하는 그 은혜를 가슴 깊이 새기고 자손대대로 잊지 않을 것입니다.

천하가 이 사실을 듣게 되면 대국의 위엄, 믿음, 덕망에 탄복하지 않는 이가 없을 것입니다.

이는 대국이 한꺼번에 큰 은혜를 동토(우리나라를 중국에 상대하여 이르는 말)에 내리는 것이고, 큰 명예를 만국에 베푸시는 것입니다.

만약 그렇지 않고 한때의 분노를 시원하게 풀고자 병력으로써 형제의 우애를 버리고, 동생이 스스로 새로워지려는 길을 막고, 여러 나라의 소망을 끊는다면, 대국으로서 결코 좋은 방법이 아닐 것입니다. 고명(식견이 높고 사물에 밝은 사람이라는 뜻으로, 상대편을 높여 이르는 말)하신 황제께서 어찌 그런 생각을 하지 않으시겠습니까?'

이때 적의 병마가 서문과 북문 밖으로 집결했다. 아마 전일에 청나라 군사 숫자가 더 늘었기 때문이거나, 청나라군에 붙들리는 우리나라 군사 숫자가 날로 늘어나기 때문인 듯싶었다.

1월 14일 김신국과 함께 현재 남아 있는 양식으로 앞으로 지낼 계획을 세웠다. 하루 먹는 양식을 군졸은 3홉(홉은 부피를 재는 단위로 1홉은 약 180ml), 모든 벼슬아치는 5홉으로 줄여야만 다음 달 24일까지 버틸 수 있었다.

군사들이 양식이 없다는 것을 눈치채거나 적이 오랫동안 포위를 풀지 않으면 어떤 사태가 벌어질지 모를 일이었다.

김신국과 나는 대궐에 들어가 전하께 이 사실을 아뢰었다.

적이 지난번에 강릉(조선 명종과 왕비인 인순왕후의 능)과 태릉(조선 중종의 왕비인 문정왕후의 능)을 불 질렀는데, 이번에 또 헌릉(조선 태종과 왕비인 원경왕후의 능)을 불 질렀다. 연기와 불꽃이 하늘을 찌르는 참혹한 모습은 차마 볼 수가 없었다.

1월 15일 최근 들어 보고가 끊겨 지방과 전혀 연락이 되지 않다가 오늘 비로소 도원수 심기원, 함경도 관찰사 민성휘, 함경남도 병마절도사 서우신, 강원도 관찰사 조정호, 원수가 임명한 찬획사 남선 등이 1월 10일과 1월 11일에 쓴 보고를 받을 수 있었다.
보고의 내용은 군사가 경기도 양평에 휴식하고 있는데 장차 용진(영평 서쪽 44리 한강에 있는 나루)으로 진군하겠다는 내용이었다. 함경 감사의 군관 두 사람이 보고를 가지고 들어왔다.

1월 16일 바람이 불고 눈이 내렸다.
홍서봉·최명길·윤휘가 적진에 가서 지난번에 보낸 편지에 대해 왜 아직 아무 답변이 없는가를 물었다.
용골대와 마부대는 위협하듯 이렇게 말했다.
"우리 청나라에 귀순한 명나라의 공·경 두 장수가 명나라 군사 7만과 대포 28문을 가지고 올 것이고, 장차 강화도를 공격할 것이오."
그리고 적들은 흰 깃발에 '항복하라'하는 글씨를 써서 망월봉(남한산성의 동쪽에 있는 산) 아래에 세웠는데, 세찬 바람에 깃대가 부러졌다.

1월 17일 용골대와 마부대가 우리 사신을 찾았다. 홍서봉·최명길·윤휘 등이 나가서 답장을 받아 왔는데 그 내용이 몹시 흉악했다. 당장 성에서 나와 항복하라는 내용이었다.

'보내 온 글에 '책망이 너무 엄하면 도리어 형제의 의리에 틈이 생길 것이니 어찌 하늘과 땅이 괴이하게 여기지 않겠는가?' 했는데, 그동안 나는 정묘년의 맹약을 중요하게 여겨 너희 나라가 맹약을 깨뜨린 사실을 여러 번 타일렀다. 너희는 하늘과 땅을 두려워하지 않고 굶주리며 고통스럽게 사는 백성을 돌보지 않은 채 먼저 맹약을 배반했다. 네가 너희 신하와 주고받는 글을 우리 사신 용골대가 빼앗아 읽어 보았는데, 비로소 너희 나라가 전쟁할 생각임을 확실히 알게 되었다. 나는 곧 네가 보낸 사신과 여러 상인에게 '너희 나라가 이처럼 무례하니 장차 너희 나라를 칠 것이다. 돌아가거든 너희 왕과 백성에게 알려라.'하고 일렀다. 이렇게 분명히 뜻을 밝혔으니 나는 속임수를 써서 군사를 일으킨 것이 아니다. 또한 글을 갖추어 너희가 맹약을 깨뜨리고 말썽을 일으킨 일을 하늘에 고한 뒤에 군사를 일으켰다.

나는 네가 맹약을 배반했으니 천벌을 받아 마땅하다고 생각한다. 네가 맹약을 배반해서 재앙이 내린 것인데, 너는 어찌하여 이 사태에 대해 아무 죄가 없는 사람처럼 하늘 천(天) 한자를 억지로 끌어다 붙이느냐? 너는 또 말하기를 '소방(조선을 일컬음)은 매우 후미진 바다 한구석에 있어, 오직 시 짓기와 글 읽기를 일삼으며 전쟁을 익히지 않았다.'고 했다.

그런데 지난번 기미년(1629년, 광해군 11년에 명나라에서 구원을 청하자 2월에 군사 1만 명이 압록강을 건너가 심하에서 금군(청나라군)과 맞서 김응하 등이 전사하고, 강홍립 등이 금군에게 항복했던 일)에 너는 까닭 없이 우리 국경을 공격했다.

일찍이 너희 나라가 틀림없이 전쟁을 준비하고 있으리라 짐작하고 있었는데, 너희 군사가 말썽을 일으켰다.

그것은 그만큼 너의 군사가 날쌔고 용감해졌기 때문이 아니겠느냐. 너는 원래 군사 키우기를 좋아하니 앞으로도 그만둘 생각이 없으면 이제부터라도 다시 훈련을 더 하도록 하는 것이 좋을 것이다. 그런데도 전쟁을 익히지 않았다고 고집할 수 있느냐?

너는 또 말하기를 '임진년의 난에 나라가 거의 망하게 되었을 때 신종 황제(명나라 제13대 황제)가 천하의 군사를 동원하여 죽을 위기에서 구해 주었다.'고 했는데, 천하는 크고 천하에는 나라가 많다.

너희를 구해 준 것은 명나라 한 나라뿐인데 어떻게 천하 모든 나라의 군사가 다 왔다는 것이냐?

명나라와 너희 나라는 거짓되고 미덥지 못할 뿐만 아니라 망령됨이 끝이 없구나.

나는 까닭 없이 군사를 일으켜 너희 나라를 멸망시키려 하고, 너희 백성을 해치려는 것이 아니다.

내가 군사를 일으킨 까닭은 잘잘못을 따지고 밝히고자 함이다.

하늘은 착한 일을 하는 자에게는 행복을 주고, 악한 일을 하는 자에게는 재앙을 내린다.

나는 하늘의 도리를 몸으로 실천함으로써 마음을 다해 따르고 순종하는 자는 잘 이끌어 주고 보호해 준다.

또한 스스로의 능력을 잘 깨닫고 고개를 숙이는 자는 편안하게 지내게 해 준다.

하지만 명령을 거역하는 자는 하늘의 명에 따라 목을 치고, 무리를 모아 악한 짓을 하거나 칼로 세상을 어지럽히는 자도 목을 벤다. 성질이 억세게 고집스럽고 사나워 순종할 줄 모르는 자는 가두어 깨닫도록 가르치고, 교활하고 속임수를 쓰는 자는 끝까지 용서하지 않는다.

내가 군사를 일으켜 여기까지 온 것은 네가 나의 적이 되었기 때문이다. 만약 너희 나라가 나의 세력 안으로 들어왔다면 내가 어찌 너희를 잘 보살피지 않고 내 아들처럼 사랑하지 않았겠느냐?

그런데 너희는 말과 행동이 전혀 맞질 않다.

네가 네 신하와 주고받은 편지를 우리가 빼앗아 읽어 보면, 너희는 우리 병사를 도둑이라 부른다.

이것은 평소에 너와 신하들이 우리 군사를 도둑으로 불렀기 때문에 무심코 나온 말이다.

도둑이란 몸을 숨기고 몰래 남의 것을 훔치는 자를 말한다.

내가 과연 도둑이면 너는 어찌하여 붙잡지 않고 가만 놔두느냐?

양의 탈을 쓴 호랑이라는 속담은 너를 두고 하는 말이다. 너는 살고 싶지 않느냐? 살고 싶거든 서둘러 산성에서 나와 항복하여라. 항복하지 않겠다면 싸우자는 것이냐? 그렇다면 빨리 성 밖으로 나와서 군사끼리 힘을 겨뤄 보자.

그러면 하늘이 스스로 판단을 할 것이다.'

1월 18일 전하께서 홍서봉·최명길·윤휘에게 편지를 주어 적진으로 보냈다.

용골대는 마부대가 어디 갔다고 핑계하며 받지 않고 이렇게 말했다.

"내일이나 모레 이틀 안에 우리 청나라군과 조선군이 반드시 싸울 것이다."

또 적들이 산성을 지키는 우리 군사들에게 다가와 그만 나와서 항복하라고 협박했다.

오늘 적에게 보낸 편지의 내용은 다음과 같다.

'보내신 편지를 읽어 보니 간곡한 타이름과 엄한 책망이 가을 서릿발 같고, 또한 봄날 새싹이 돋는 것 같은 뜻이 들어 있어 황송하고 감격스러울 따름입니다.

산성에서 나오라는 명령은 진실로 어진 마음으로 하신 말씀입니다. 하지만 지금 산성은 겹겹이 포위된 상태인 데다 황제께서는 몹시 화가 나 있으니 성안에 있어도 죽고, 성 밖으로 나가도 역시 죽음을 면치 못할 것입니다. 그저 청나라의 깃발을 멀거니 바라보다 보면 죽고 싶은 심정일 뿐입니다.

황제께서는 천지의 모든 생물까지도 마음에 두십니다.

그러하니 저를 비롯한 우리 작은 나라가 황제의 보살핌을 받을 수 있으리란 기대가 헛되겠습니까. 황제의 덕이 하늘과 같아 반드시 용서해 주시리라 믿습니다.

삼가 은혜로운 말씀을 기다리겠습니다.'

이 글은 이조판서 최명길이 지은 것이다. 그런데 예조판서 김상헌이 이 글을 읽고는 갈기갈기 찢어 버리고 목 놓아 통곡했다. 김상헌의 통곡이 전하의 귀에까지 들어갔다.

김상헌이 최명길을 보며 말했다.

"선대부(최명길의 아버지인 연흥부사 최기남을 말함)께서는 꽤 덕망 높은 사람인데, 대감은 어찌하여 이런 글을 쓰시오?"

최명길이 빙긋이 웃으며 말했다.

"대감은 찢으셨지만 저는 도로 주워야겠습니다." 하며 찢어진 편지를 풀로 붙였다. 옆에 있던 병조판서 이성구가 김상헌에게 버럭 화를 내며 소리쳤다.

"대감이 전에 청나라와 화해하는 것을 반대하여 나라 꼴이 이 지경에 이르렀습니다. 그러니 대감은 적에게 가십시오!"

김상헌이 그 말을 듣고 말했다.

"나는 죽고 싶어도 죽지 못하고 있소. 나를 적진에 보내 준다면 나는 죽을 곳을 얻은 것이고, 대감은 내 바람을 이뤄주는 것이오."

집으로 돌아간 김상헌은 사람을 만나기만 하면 울어서 눈물이 마르질 않았다.

또한 음식을 입에 대지 않아 죽기로 작정한 사람 같았다.

1월 19일 좌의정이 병이 들어 전하께서는 좌의정 대신 우의정 이홍주와 최명길·윤휘를 적진에 보냈다.

어제 전하지 못한 편지를 전하기 위함이었다.

오랑캐는 우리 측에서 항복 건에 대해 적극적으로 조목조목 설명한 편지를 받지 않으려고 했다. 그러다 나중에 받았다.

이홍주를 비롯한 우리 측 사신이 산성으로 돌아왔다가 답장을 받기 위해 다시 적진으로 갔지만 빈손으로 돌아왔다.

한여직이 최명길에게 "답장을 또 받아 오지 못하셨으니 어찌 된 일입니까?"하고 묻자, 최명길은 "무슨 까닭인지 알 수가 없소이다."하고 답했다.

"직이 답을 하지 않는 것은 편지에 중요한 글자를 쓰지 않았기 때문입니다. 그 글자는 신하 신(臣)자입니다. 김상헌이 여기 없으니 그 글자를 써서 다시 보내는 것이 좋겠습니다."

최명길은 한여직의 말대로 했다.

날이 이미 어두워지고 있었지만 신하 신(臣)자를 쓴 편지를 다시 보내기로 했다.

그런데 어떤 사람이 말하길 "이 늦은 시각에 가는 것은 옳지 않은 일이니 내일 아침에 보내도 늦지 않습니다."하고 말했다. (그 무렵에는 오후 8시부터 다음날 새벽 4시까지 야간 통행금지 시간이 정해져 있었다.)

이날 아침에 우리 측 사신이 적진으로 들어갔더니 용골대가 말하길 "우리 청나라 군사가 부원수를 붙잡았고, 강화도 또한 우리 청나라 군사가 차지했으니 지금 상황이 어떻게 되어 가는지 잘 알 수 있을 것이오."라고 했다.

하지만 우리 측에서는 용골대의 말을 곧이듣지 않았다.

"지금은 추운 겨울이니 강화도로 들어가는 뱃길이 얼어 있습니다. 그런데 어떻게 배를 저어 갔다는 것입니까? 아마도 우리를 위협하는 소리일 것입니다."

이천부사 조명욱이 병으로 죽었다.

그 외에도 성안으로 들어왔다가 죽은 사람이 몇 명 있었다.

대궐 안으로 들어온 장끼를 잡았다.

저번에도 대궐 안으로 들어온 노루를 잡아 전하께 바쳤다.

1월 20일 큰 눈이 내리고 바람이 몹시 불었다. 우의정과 최명길·윤휘가 해 뜰 무렵에 적진으로 들어가 답장을 받아 왔다.

답장의 내용은 다음과 같다.

'청나라 관온인성 황제는 조선 국왕에게 알아듣기 쉽게 글을 쓴다. 내가 몹시 노한 것은 네가 하늘을 배반하고 중요한 약속을 어겼기 때문이다. 나는 너를 용서하지 않으려고 생각했다. 그런데 네가 외로이 성 안에 갇혀서 내가 보낸 글을 보고 죄를 뉘우쳐야 함을 깨닫고 내게 용서를 청했다. 내가 넓은 마음으로 네 스스로 새로워지기를 허락하는 것은 내가 성을 공격하여 함락시킬 수 없기 때문은 아니다. 또한 형세가 포위할 수 없기 때문도 아니다. 오직 네 발로 걸어 나오게 하려는 것이다. 이 성이야 공격하기만 하면 당연히 우리 차지가 된다. 또한 굳이 공격하지 않더라도 너희가 가지고 있는 밀 먹일 풀과 군사가 먹을 식량이 모두 없어지면 더는 견딜 수 없을 테니 성 밖으로 나올 것이다.

하지만 이 조그만 성 하나 차지하지 못하고서야 장차 어떻게 유연(중국 본토)으로 돌아갈 수 있겠느냐?

네 발로 스스로 걸어 나와 나를 만나도록 하는 것은 첫째로 네가 진심으로 복종하는지 확인하려는 것이다.

둘째로는 다시 너를 시켜 조선을 다스리게 하고, 나의 군사를 철수시킨 뒤에 내 어진 마음과 믿음을 온 천하에 보이고자 함이다.

속임수로 너를 얻는 것도 쉬운 일이다. 그러나 나는 하늘의 뜻을 받들어 사방을 안정시키는 중이다.

또한 너의 지난날의 잘못을 용서하여 명나라에 드러내 보이고자 하는 것이다.

너를 간사한 꾀로 얻을 수 있겠지만, 어찌 간사한 꾀로 천하를 속여 얻을 수 있겠느냐?

그것은 진실로 지혜롭지 못하고 어리석은 짓이다. 만약 네가 머뭇거리며 성에서 나오지 않으면 각 지방이 모조리 짓밟힐 것이며 말을 먹일 풀과 군사 식량이 끊어져 살아 있는 생명이 도탄에 빠지고 재앙의 괴로움이 날로 더해질 것이다.

나는 약속을 깨뜨리는 데 앞장선 너의 신하를 모조리 죽이려고 생각했다. 하지만 네가 성에서 나와 내게로 온다 하니 앞장서서 약속을 깨뜨린 신하 몇 명만 묶어서 보내도록 해라. 나는 그들의 목을 베어 본보기로 삼을 것이다.

그들은 명나라를 공격하려는 나의 큰 뜻을 방해하고 네 백성을 물불에 빠뜨린 자가 아니더냐?

만약 그들을 보내지 않고 네가 먼저 성에서 나온다면 나는 절대 받아들이지 않겠다. 또한 네가 성에서 나오지 않다가 나중에 간곡하게 빌어도 나는 절대 용서하지 않겠다.'

지난 밤에 오랑캐가 서쪽 성문으로 와서 답장을 독촉했다. 만일 답장 준비가 안 되어 있으면 말로 대답해도 된다고 했다. '신하'와 '황제 폐하'를 넣어 쓴 답장을 들고 서쪽 성문으로 나갔다. 우의정은 환자이므로 이덕형이 거짓 우의정 직함을 띠고 나갔지만, 적은 이미 돌아간 뒤였다.

최명길이 뒤에 처져 있다가 청나라 통역사 이신검을 시켜 마부대와 용골대에게 뇌물을 주고, 조선을 신하로 낮춰 부르겠다, 청나라 황제의 명을 받들겠다, 은혜에 대해 반드시 보답하겠다는 말을 전했다.

1월 21일 아침이 밝아 올 무렵에 우의정 이홍주와 최명길 등이 어제 썼던 편지를 적에게 전하고 돌아왔다.
그리고 저녁에 답장을 받기 위해 다시 적진으로 갔다.
하지만 적은 아침에 우리가 보낸 편지를 돌려보냈다.
적은 전하께서 산성을 나가지 않았고, 조선과 청나라의 약속을 깨뜨리는 데 앞장선 신하를 잡아 보내지 않았다며 크게 화를 냈다.
아침에 보낸 편지의 내용은 다음과 같다.

'신이 폐하께 죄를 짓고 외로운 성에 갇혀 아침저녁으로 멸망의 길로 나아가고 있습니다. 제가 저지른 잘못을 곰곰 생각해 보니 죄를 면할 길이 없습니다.
그동안 사정이 다급하여 여러 차례 글을 올려 살아날 길을 구했으나 크게 노하신 황제께 꼭 바랄 수는 없는 일이었습니다.
그런데 이제 폐하께서 제 잘못을 용서하시고, 가을의 찬 기운 같던 노여움을 푸시고 따뜻한 봄날 같은 혜택을 내려주시니 장차 동방 수천 리의 살아 있는 생명들이 죽음에서 벗어나게 되었습니다.
제가 대국을 받들어 섬겨온 지 10여 년, 마음을 다해 폐하께 복종해 온

성을 지키는 군사들이 무술을 닦던 연무관이에요. 이곳에서 무술을 닦는 무사 중에서 무예가 뛰어난 사람은 한양으로 진출했어요.

지 오래입니다.

당연히 두 나라가 말과 행동이 맞지 않는 것이 없었습니다.

하물며 봄·여름·가을·겨울과 같은 당연하고 중요한 명령을 따르는 것은 말할 것도 없습니다.

저는 그 점에 대해서는 조금도 염려하지 않습니다.

다만 지금의 절박한 마음을 폐하께 말씀드리고자 합니다.

우리나라는 풍속이 딱하고 옹색한 데다 예절이 복잡하여 임금의 거동이 조금이라도 달라 보이면 몹시 놀라며 이상하게 여깁니다. 만약 내려오던 방식대로 다스리지 않는다면 끝내 나라를 지키기 어렵습니다.

정묘년 이후로 조정의 신하들 사이에 서로 다른 의견이 있었지만, 애써 진정시키지 않고 크게 꾸짖지 못한 것은 이것을 염려한 탓입니다.

지금 성안의 관리와 백성은 상황이 위급함을 몹시 불안해하며 귀순하자는 의견이 많지만, 성을 나가 항복하는 일만은 고려 왕조 이후에 없던 일이라 죽음을 무릅쓰고 절대 성을 나가려 하지 않습니다.

그럼에도 황제께서 성을 나와 항복하기를 독촉하신다면 훗날 얻는 것은 시체가 수북하게 쌓인 텅 빈 성뿐일 것입니다.

이제 이 성안 사람들은 아침이 아니면 저녁에 죽을 것임을 각오하고 있으면서도 항복을 반대하고 있는데 하물며 저와 신하들은 말할 나위 없습니다.

옛날부터 적의 공격만이 나라를 망하게 하는 것은 아닙니다.

비록 폐하의 은덕을 입어 다시 나라를 이끌어간다 하더라도 제가 항복을 하게 되면 백성은 저를 임금으로 받들려 하지 않을 것입니다. 이것이 저를 가장 두렵게 합니다.

폐하께서 제게 항복을 요구하시는 것은 우리 왕실과 나라를 온전히 보전하게 하고자 함이지만, 결국은 백성이 이를 받아들이지 않는다면 끝내 멸망하고 말 것입니다. 그것은 폐하께서 저를 불쌍히 여겨 도와주려는 본래의 의도와 어긋나는 일입니다.

폐하의 막강한 군사가 천 리 먼 곳까지 달려와 두 달이 채 못 되어 그 나라를 바로잡고 그 백성을 위로하고 달랜다면 이는 천하에 드문 큰 공로가 될 것입니다.

그런데 어찌 제가 성을 나가 항복해야만 이 성을 쳐서 이겼다고 할 수 있겠습니까?

성을 공격하는 것은 저의 죄를 나무라기 위함입니다. 그런데 이미 제가 신하가 되어 복종하기로 하였는데 성이 무슨 소용이 있겠습니까?

생각하건대, 폐하께서는 사물의 이치를 꿰뚫어 보고, 지혜롭고 밝은 마음으로 만물을 보살피시니 우리가 놓인 상황을 남김없이 헤아리셨을 것입니다.

우리나라의 사헌부와 사간원의 관원들은 일이 생길 때마다 논쟁을 합니다.

그런데 저번에 터무니없는 실수를 하여 우리나라 백성을 도탄에 빠뜨리고 이 지경에 이르게 했으니 그들의 죄가 큽니다.

저는 지난해 가을에 그들을 모두 관직에서 물러나게 했습니다.

황제께서 그들을 묶어 보내라 하셨으니 어찌 감히 거역하겠습니까? 다만 그들의 보고 배운 학문이 한쪽으로 치우친 데다 상황 판단이 어둡고 깜깜하여 하늘의 명이 어떤 것인지 모른 채 지키려고만 했기 때문에 그리된 것이 아닐까 여겨집니다. 이제 폐하께서 바야흐로 임금과 신하가 마땅히 지키고 행하여야 할 큰 도리로 세상을 이끌려 하시니, 그들도 마땅히 불쌍하게 여겨 용서하심이 옳지 않을까 생각됩니다.'

이 글 역시 최명길이 지은 것이다.
전하께서는 최명길과 대제학 이식 두 사람에게 각각 적에게 보낼 답장을 쓰라고 명하셨는데, 최명길의 글이 채택되었다.
이조참판 정온이 상소를 올렸다.

'제가 듣건대, 외부에서 왁자지껄하게 떠드는 말이, 어제 사신이 적에게 갔을 때 신하라 일컫고 애걸했다고 하는데, 사실입니까? 정말 그런 일이 있었다면, 이것은 최명길의 짓인데, 최명길이 전하께 아뢰어 허락을 얻은 것입니까? 아니면 최명길이 혼자 결정하여 그런 말을 한 것입니까?

저는 이 말을 듣고 마음과 쓸개가 한꺼번에 떨어져 나가는 것만 같아 흐느끼는 소리조차 낼 수 없었습니다.

여러 차례의 편지가 최명길이 쓴 것인데 그 글이 극히 비굴하고 아첨하는 내용이었고, 모두 항복한다는 뜻이 담겨 있었지만 그래도 신하 신(臣) 그 한 자만은 쓰지 않았습니다.

그런데 스스로 신하라고 불렀다니 이제 청나라와 조선 사이에 임금과 신하의 신분이 정해지고 말았습니다.

임금과 신하의 신분이 정해졌으니 이제부터는 저들의 명령을 좇아야만 할 것입니다. 청나라 황제 홍타이지가 항복하라고 명령하면 전하께서는 나가셔서 항복하시겠습니까? 북쪽으로 가자고 명령하면 전하께서는 북쪽으로 가시겠습니까? 곤룡포(임금이 입는 옷)를 벗고 술을 따르라고 명령하면 전하께서는 옷을 갈아입고 술을 따르시겠습니까?

만약 좇지 않으시면 그들은 임금과 신하의 도리를 앞세워 죄를 묻고 공격을 할 것입니다.

그러니 나라는 이미 망한 것과 다를 바 없습니다.

최명길은 신하로 낮추기만 하면 성의 포위가 풀리고 전하께서도 안전하리라고 여겼겠지만 설령 그렇게 되더라도 그것은 여인이나 환관과 같은 소인배의 충성에 불과합니다.

옛날부터 세상에 존재했던 국가로서 오래 보존되고 멸망하지 않은 나라가 어디 있습니까?

적에게 무릎을 꿇고 목숨을 건진다면 어떻게 나라와 백성을 바른 길로 이끌 수 있겠습니까?

아버지와 아들이 임금과 신하가 모두 성을 지키기 위해 힘써 싸운다면 성을 지킬 수도 있지 않겠습니까?

우리 조선에게 부모와 같은 명나라의 은혜를 어찌 저버릴 수 있겠습니까? 임금의 나라인 명나라와 신하의 나라인 조선의 의리를 어떻게 배반할 수 있겠습니까? 현재 중국과 조선의 관계는 고려 말의 금나라·원나라와의 관계와는 전혀 다릅니다.

하늘에는 두 해가 없는데 최명길은 두 개의 해가 있기를 바라고, 백성에게는 두 임금이 없는데도 최명길은 두 임금이 있기를 바랍니다. 저는 지치고 쇠약한 데다 힘이 없어 손으로 최명길을 칠 수는 없지만, 그를 용서하여 같은 자리에 있지 않을 것입니다. 전하께서는 최명길의 말을 단호히 물리치십시오.

그에게 나라를 판 죄를 물으셔야 합니다. 만약 그렇게 하지 않으신다면 저의 벼슬을 빼앗고 내치십시오.'

1월 22일 전하께서 신하들을 불러 놓고 척화론자의 우두머리로 평양 서윤(종4품의 벼슬) 홍익한을 꼽았다.

그런데 동궁께서 "내가 성 밖으로 나갈 것이니 말과 사람을 준비시키도록 하오."하고 명했다. 그러나 동궁 생각대로 할 수 없는 일이라 그만두었다.

이조참판 정온이 글을 올렸다.

'앞전의 상소에서 제가 아뢰었던 뜻은 최명길이 신하라는 글을 쓰지 못하게 하려는 것이었는데, 최명길은 하룻밤 사이에 신하 신(臣)자를 쓴 편지를 썼습니다.

저는 최명길을 막지 못하였으니 죄가 큽니다. 임금이 크게 창피를 당하면 신하는 죽어 마땅합니다. 그런데 제가 죽지 않고 머뭇거리는 것은 전하께서 산성 밖으로 나가 항복하실 뜻이 전혀 없다는 것을 알았기 때문입니다.

그러니 제가 어찌 감히 경솔하게 죽겠습니까?

듣자 하니 적들은 척화를

주장한 신하를 보내라는 독촉이 아주 심하다고 합니다. 저는 척화를 주장한 우두머리는 아니지만, 지난해에 용골대·마부대 두 사신의 목을 베고 그들이 가져온 편지를 불태우자고 청했습니다. 처음부터 적들과 싸우기를 주장했으니 저도 척화한 사람들 중 우두머리인 셈입니다.

신이 죽어서 털끝만큼이라도 나라에 도움이 된다면 기꺼이 죽음을 택하겠습니다. 제가 어찌 제 몸을 아끼고 사랑하느라 전하를 위해 죽지 않겠습니까? 엎드려 원하오니, 전하께서는 조정의 신하들에게 명하시어 척화에 앞장선 신하를 내놓으라는 적의 요구에 저를 보내는 것이 어떨지 의논하여 주십시오. 명에 따르겠습니다.'

1월 23일 전하께서 몹시 아프셨다. 내의원(궁중의 병원)에 약이 별로 없었다. 약이라고는 정기산(불환금정) 열 첩 정도밖에 안 되었다. 우선 정기산 두 첩을 지어 드렸더니 다행히 곧 나으셨다.

요즘 적들은 척화에 앞장선 신하를 보내지 않는다면서 미적거리며 화해를 위한 의논을 허락하지 않고 있다.

그런데 통제사 신경인과 남양군 홍진도가 밤을 새워 구굉·신경진이 지휘하는 부대를 오가며 무언가를 비밀리에 의논하고 있었다.

그러더니 수원·죽산 고을의 장관과 훈련원 수백 명을 대궐 앞으로 끌고 와서 척화한 신하를 내어 달라고 청했다.

이어 도체찰사 김류가 일을 보는 관아로 달려가 칼자루를 어루만지며 큰 소리로 외쳤다.

김류는 두려워서 옳고 그름을 따지지도 않고 덮어놓고 "너희의 청을 들어줄 것이니 속히 물러가라."고 했다.

우의정과 여러 신하가 전하의 편지를 들고 적진으로 갔다. 척화에 앞장선 홍익한을 묶어 보내는 일에 관한 내용이었다.

'신이 쇠약하고 피곤함이 극도에 이르렀지만 고민 끝에 글을 올렸으나 성의가 부족한 탓인지 아직 아무런 답도 듣지 못했습니다. 만약에 저의 뜻이 용납되지 않는다면 임금과 신하의 명분을 구차하게 세울 것도 아니고, 나라를 이끌어가는 일 또한 그만둘 수 없습니다. 비록 엄한 꾸지람을 받을지라도 어찌할 수가 없으니 폐하께서는 살펴 주시기

바랍니다.

우리나라는 약한 나라로서 중국 본토와는 멀리 떨어져 있습니다. 그런 탓에 크고 힘이 강한 나라에는 신하가 되어 복종하며 지냈습니다. 고려와 요나라, 금나라가 한 예입니다.

폐하의 운이 크게 열려 하늘의 도우심을 받으셨고, 우리나라와 땅이 서로 맞닿게 되었습니다. 그리하여 우리나라는 청나라에 복종하여 섬긴 지 이미 오래입니다. 마땅히 청나라를 섬기는 일에 남보다 앞장서서 모범을 보였어야 했지만 이제껏 망설인 것은 대대로 명나라를 섬겼기 때문입니다.

그동안 명나라와 맺어 온 임금과 신하의 절개와 의리를 저버리지 않으려 했습니다.

정의와 예의로서 당연히 그래야 한다고 생각했습니다.

하지만 그것은 어리석고 잘못된 행동이었습니다.

작년 봄 이후로 청나라와 우리나라의 정의는 변하지 않았지만 우리나라가 청나라에 저지른 잘못은 한두 가지가 아니었으므로 청나라 대군의 공격은 스스로 화를 부른 결과였습니다.

임금인 저와 신하들은 두려움에 떨며 죽음을 기다리고 있었는데, 뜻밖에도 폐하의 성덕이 하늘과 같아 나라와 백성을 지킬 수 있게 되었습니다.

황제께서는 '만약 너희 나라가 모두 나의 세력 안으로 들어왔다면 내가 어찌 너희를 잘 보살피지 않고 내 아들처럼 사랑하지 않았겠느냐?'

하셨습니다.

또한 '내가 넓은 마음으로 네 스스로 새로워지기를 허락한다.'고 하셨습니다. 폐하의 은혜로운 말씀이 알려지자 만물이 봄을 맞듯 하였습니다. 그야말로 죽은 것을 살려 소생하게 하신 것입니다.

장차 우리나라 사람이 자자손손 폐하의 공덕을 칭송할 것입니다. 하물며 저에게는 나라를 다시 이룩하라는 은혜를 내리지 않으셨습니까?

이제 제가 신하가 되겠다고 했으니, 그것은 대대로 대국(청나라)을 섬기기를 원한다는 뜻입니다.

옛말에 이르기를 '인간이 하고자 하는 바를 하늘이 반드시 좇는다.'고 했습니다.

폐하는 곧 신의 하늘입니다. 그러니 어찌 제 뜻을 용납해 주지 않으시겠습니까?

폐하께서는 이미 저의 죄를 용서하시고 신하로 인정하셨습니다. 저는 이미 신하의 예로써 폐하를 섬겼으니 성을 나서고 안 나서고는 아주 조그만 예절일 뿐입니다. 어찌 큰 것은 허락하시고 작은 것은 허락하지 않으시겠습니까?

신이 바라는 것은 청나라 군사들이 물러나는 날을 기다렸다가 성안에서 은혜를 감사하게 받고, 폐하께서 타신 수레를 멀리에서 전송하고, 곧 대신을 사신사(조선 시대 때 나라에 베푼 은혜에 감사한다는 뜻으로 외국에 보내던 사신)로 보내 우리의 진심어린 충성과 기뻐하는 정을 표하고자 합니다.

남한산성의 연주봉 옹성은 성벽으로 접근하는 적을 3면에서 공격하고, 요충지에 대한 거점 확보를 위해 성벽에 덧대어 설치한 시설물이에요.

척화를 주장한 여러 신하는 감히 망령된 말로 두 나라의 큰 계획을 무너뜨리고 그르쳤으니 어찌 폐하께서만 그들을 미워하겠습니까. 실로 우리나라의 모든 백성이 다 함께 분하게 여기는 일입니다. 그런데 어찌 처벌받기를 아까워하겠습니까?

다만 청나라 군사가 서울에 이르렀을 때 대간(조선 시대 때 사헌부·사간원의 벼슬을 통틀어 이르던 말) 홍익한에게 군사를 이끌게 하였는데, 만약 그가 청나라에 포로로 잡히지 않았다면 황제께서 본토로 돌아가실 때 어렵지 않게 체포하여 보낼 수 있을 것입니다.

홍익한 외에 벼슬에서 쫓겨나 지방에 가 있는 자들이 있지만 길이 막혀서 그 거처를 찾기가 쉽지 않습니다.

지금의 상황으로는 당연한 일이 아니겠습니까? 폐하의 넓으신 도량으로 너그러이 이해해 주시리라 믿습니다.

그럼에도 불구하고 그들을 체포하기를 원하신다면 본토로 돌아가시는 날에 그들을 찾아 폐하의 처분을 기다리게 하겠습니다.'

김상헌이 척화를 주장했던 일로 전하께 글을 올리고 대궐 밖에서 명령을 기다렸다.

그러나 전하께서는 "경이 처분을 청하는 것은 좀 지나친 일인 것 같소. 안심하고 물러가 있소." 하고 대답하셨다.

김상헌은 적에게 보내려는 편지를 찢은 뒤부터 음식을 물리치고 미음 한 모금도 입에 대지 않았다.

그러기를 엿새가 지나자 거의 목숨이 금방 끊어질 지경에 이르렀다. 그런데 적들이 척화에 앞장선 신하를 보내라고 독촉하자 음식을 먹기 시작했다.

"내가 만약 음식을 먹지 않고 죽어 버리면, 사람들은 내가 적진으로 가는 것을 피하기 위해 그랬다고 하지 않겠는가."

전 대사간(정3품 벼슬)이었던 윤황이 대궐에 들어와 전하께 처분을 청했다.

그런데 그의 아들 문거가 아버지를 대신해 적진에 가기를 청했다. 전하께서 대답하셨다.

"나는 전혀 그럴 생각이 없으니 조금도 두려워하지 마오."

교리(정5품 벼슬) 윤집과 수찬(정6품 벼슬) 오달제가 이름을 나란히 써서 전하께 글을 올렸다.

그들은 척화를 주장한 신하들의 우두머리라고 했다. 전하께서는 대답하지 않으셨다.

도체찰사이자 영의정인 김류, 부체찰사이자 병조판서인 이성구, 이조판서 최명길의 말에 따라 척화에 앞장선 신하를 심사할 예정이었기 때문이다.

밤 12시경에 적이 이시백이 수비하는 성문 서쪽에 높은 사다리를 설치하고 몰래 성을 넘어 들어오려고 했다.

적들이 거의 성을 다 넘기 직전에 수어사의 군관이 눈치채고 성을 지키다 잠든 군사들을 발로 차서 깨웠다.

졸던 군사들이 모두 일어나자 군관은 낮은 목소리로 적이 성을 넘어 오는 것을 알렸다.

군사들은 놀랐지만 흩어지지 않았다. 너무 느닷없는 일이라 활을 쏘지 못하고 먼저 큰 돌로 내리치고 총을 쏘았다.

적은 크게 무너져 퇴각하고 말았다. 칠흑 같은 어둠 속이라 적이 얼마나 죽었는지 알 수 없었다.

그런데 이튿날 아침에 보니 적들이 시체를 끌고 내려가 얼음과 눈 위가 모두 피로 새빨갛게 물들어 있었다. 죽은 적의 숫자가 매우 많았다는 것을 알 수 있었다.

수어사 이시백은 적과 싸우면서 갑옷을 입지 못한 군사들과 생사를 함께 하겠다며 갑옷도 입지 않고 투구도 쓰지 않았다.

전하께서는 여러 차례 내관을 보내 갑옷을 입고 투구를 쓰라고 권했지만 이시백은 끝내 명을 받들지 않았다.

그러다 화살 두 대를 맞아 모두 크게 염려했다. 다행히 별 탈 없이 잘 치료되었다.

이시백이 거느리는 군사는 대부분 훈련을 받지 못한 자들이었다. 그런데 이시백이 몸을 사리지 않고 싸우는 모습을 보고 그들도 용기를 내어 적과 맞섰던 것이다.

적군은 편지를 보낼 때마다 반드시 서쪽 성으로 왔다. 그것은 산성 전체가 몹시 험하지만 서쪽 성만 약간 편해서였는데, 적이 그 지세를 이용했던 것이다.

새벽 4시쯤에 적이 동쪽 망월성을 침범했다.

훈련대장 신경진이 군사들을 지휘하여 무사히 적을 물리쳤다. 서쪽 성에서의 전투보다 더 많은 적을 죽였다.

전투가 격렬하여 다급한 상황이 되자 몇 사람은 구멍을 파고 몸을 숨기기도 했다.

1월 24일 아침 해 뜰 무렵에 적들이 구굉이 수비하는 남쪽 성을 침범했다. 또 저녁나절에는 곡성을 침범했다. 구굉은 군사들을 이끌고

남한산성에 있는 제1 남옹성 암문이에요. 남한산성에는 암문이 16개가 있어요. 암문은 적이 관측하기 어려운 곳에 만들며 성루가 없는 비밀스런 통로예요. 크기도 일반 성문보다 작아요. 은밀하게 식량과 무기를 운반하고 적에게 포위당했을 때 적의 눈에 띄지 않게 구원을 요청하거나 원병을 받고 역습을 하는 통로이기도 해요. 암문의 안쪽에 쌓은 옹벽이나 흙은 유사시에 무너뜨려서 암문을 폐쇄할 수 있게 만들었어요.

적과 맞서서 크게 승리를 거두었다. 우리 군사들이 일제히 화포를 쏘자 수많은 적이 죽거나 살아남은 자는 도망치느라 바빴다. 며칠 전에도 망월봉에 대포를 설치하려고 했지만 신경진이 대포를 쏘아 적을 물리쳤다.

그런데 적들은 오늘 또다시 망월봉에 대포를 설치하고 종일 행궁을 향해 포를 날렸다. 날아온 탄환이 사발 만한 크기였다. 탄환은 기와집 위에 떨어졌다. 다행히 크게 다치거나 죽은 사람은 없었다. 적은 또 남쪽 성 건너편에도 대포를 설치했는데, 쏜 탄환이 성안을 지나 북쪽 성 밖 10리쯤 되는 적의 진지에 떨어졌다. 적중에서 탄환을 맞고 죽은 자가 있었나 보다. 적들이 진지를 철거했다.

적들이 망월봉에서 대포를 쏠 때 화약에 불이 붙질 않아 오히려 적이 많이 죽었다.

또 우리 군사가 남쪽 성 밖에 출전했을 때에도 역시 불이 났으나 우리 군사는 한 사람도 죽지 않았다.

참으로 다행스러운 일이었는데, 다만 군관 이성익이 크게 다쳐 사망하고 말았다.

저녁 후에 적이 서문 밖으로 와서 우리 사신을 부르자, 우의정과 여러 신하가 편지를 들고 나갔다. 어제 우리가 보낸 편지를 적이 받지 않았기 때문에 다시 보낸 것이다.

삼사(사헌부, 사간원, 홍문관)에서 척화의 우두머리로 홍익한 외에 다른 사람을 더 골라 적에게 보내는 것은 옳지 않다고 주장했다. 전하께서는 이를 허락하셨다.

1월 25일 적이 또 서문으로 와서 우리 사신을 불렀다. 좌의정 이홍주는 병중이어서 이덕형·이성구·최명길이 적진으로 갔다. 적은 어제 전했던 편지를 돌려주었다.

"황제께서 내일 본토로 돌아가시는데 산성에서 나오지 않으면 화의는 어렵다. 이제부터는 우리를 만나러 올 것 없다."

그러면서 남한산성으로 달려오던 각 도의 조선군을 모조리 격파했다고 말했다. 적은 하루 종일 대포를 쏘아댔다. 우리 측 사망자는 두 명이었다.

밤중에 적이 또 망월성을 침범했다. 하지만 우리 군사가 엄중하게 지키고 있었기 때문에 별 성과 없이 물러났다.

적이 쏜 대포에 동쪽 성의 성첩(성 위에 낮게 쌓은 담)이 모조리 파괴되었다.

곡식을 담았던 빈 섬(곡식 따위를 담기 위하여 짚으로 엮어 만든 것) 4~5백 장에 흙을 담아 성을 만들고 물을 부어 얼렸다. 그랬더니 떨어진 탄환이 흙 속으로 파고 들어가 피해를 줄일 수 있었다.

신경진은 눈앞에서 부하가 적이 쏜 탄환을 맞고 죽는 모습을 보았음에도 두려워하지 않고 앞장서서 무너진 성을 공사했다. 기풍 있는 장수였다.

1월 26일 훈련도감 신경진과 호위대장 구굉이 거느리는 군사들이 또 대궐로 몰려와 척화에 앞장선 신하를 내어 달라고 요청했다.

그들이 말하는 신하란 김상헌·정온·윤황 등이다.

군사들은 승정원(왕의 비서실)까지 몰려가 소란을 피웠다.

도승지(승정원의 으뜸으로 정3품 벼슬) 이행원이 군사들을 나무랐다.

"비록 위급한 상황에 빠졌다지만 감히 대궐이 멀지 않은 이곳까지 와서 난동을 부리느냐!"

그러자 군사들이 눈을 부릅뜨고 따졌다.

"이 승지는 재략이 있는 사람 같으니, 만약 우리가 승지를 모시고 적진으로 가면 적을 쳐부술 수 있을 것 같지 않소? 자 빨리 가십시다."

동료가 달려와 승지를 피하게 해 주었다.

가까스로 군사들이 잠잠해졌지만 장차 난을 일으킬 기세였다. 사람들은 그들이 난을 일으킬까 봐 모두 두려워했다.

저녁에 좌의정 홍서봉·이조판서 최명길·호조판서 김신국이 적진으로 들어갔다. 용골대와 마부대는 강화에서 잡혀 끌려온 몇 사람을 보여 주었다.

"지난 22일에 우리 군사가 강화를 포위해 함락시켰다. 섬에 있던 봉림대군과 인평대군·숙의(왕의 후궁)·빈궁(소현세자의 부인) 일행이 이미 통진(경기도 김포)에 도착하였다."

그들은 봉림대군이 쓴 편지를 전해 주었다.

밤에 대신들과 전하와 의논을 한 끝에 성을 나가는 것으로 결론을 지었다.

1월 27일 안개가 대단했다.

이홍주·최명길·김신국이 편지를 들고 적진으로 갔다.
전하께서 이미 산성 밖으로 나갈 것을 결정하셨기 때문이다.

'조선 국왕은 청나라 황제 폐하께 글을 올립니다. 지난 일을 뒤돌아보니 제가 저지른 죄가 산처럼 쌓였는데도 폐하의 은혜와 믿음을 몰라보았습니다.

분명한 뜻이 담긴 편지를 보내셨는데도 오히려 두려움에 빠져 여러 날을 방황하였습니다. 폐하께서는 며칠 내에 이곳을 떠나신다는 소식을 들었습니다. 서둘러 산성 밖으로 나가 폐하의 얼굴을 뵙지 못하면 제 진심을 보여 드릴 기회를 놓치는 것입니다. 또한 나중에 그리워한들 무슨 소용이겠습니까?

저는 300년을 이어 온 이 나라와 백성을 폐하께 의탁하고자 합니다. 엎드려 청하오니, 속히 명령을 내리시어 제가 안심하고 폐하의 명령을 따를 수 있도록 길을 열어 주십시오.'

내가 이조참의 이경여와 함께 전하를 뵙고 죽음으로써 성을 지켜야 한다고 아뢰었다.

전하께서는 벌컥 화를 내셨다.

예조판서 김상헌이 스스로 목을 매어 죽으려고 했다.

그 소식을 듣고 한걸음에 달려가 보니 김상헌은 거의 숨이 끊어질 지경에 이르러 있었다.

달려들어 목맨 것을 풀어 주었다.

하지만 김상헌은 다시 가죽 허리띠로 목을 맸다.

내가 달려들어 김상헌을 말렸다.

밖으로 나와 김상헌의 조카인 참판 김광현과 아들 광찬을 만났다. 그들은 옷을 갈아입고 슬픔에 잠긴 표정이었는데 마치 김상헌이 운명하기를 기다리는 사람들 같았다.

"어르신은 사람의 도리를 지키기 위해 목숨을 끊을 결심을 하셨겠지만 자네들은 어떻게 보고만 있는가?"

그들은 눈물을 흘리며 대답했다.

"공께서도 잘 아시는 바와 같이 어른께서는 스스로 목숨을 버릴 결심을 하셨는데 저희가 말린다고 포기하시겠습니까?"

"어르신의 뜻이 비록 그렇더라도 자네들이 그 방 안에 있는 밧줄이나 끈 같은 것을 죄다 치워 버리고 양쪽에서 붙잡고 있으면 대감께서 어떻게 스스로 목숨을 끊을 수 있겠는가?"

조금 후에 이조참의 이경여가 달려왔다.

"나는 지금 해야 될 일이 너무 많아서 여기 머물 수가 없습니다. 그러니 대감께서 여기 남아서 도와 주십시오."

광현·광찬 두 사람이 팔을 붙들고, 이경여가 계속 위로를 하며 김상헌의 자결을 막았다.

이튿날, 척화에 앞장선 신하를 보내자는 말이 다시 나오자 김상헌은 마침내 죽기를 포기했다.

간혹 김상헌이 죽으려는 시늉만 했다고도 하지만 그것은 모르고 하는 소리다.

이조참판 정온은 자신이 척화를 주장했기 때문에 틀림없이 죽을 거라고 생각했다.

그래서 묘비에 쓸 글과 죽을 때 옷 속에 지닐 시를 지었다.

'어이하여 이 세상은 이다지도 험한가. 한 달 서른 날이 갈피를 잡을 수 없이 어지럽구나. 이 한 몸이야 죽어 아까울 게 무엇이랴만, 님(임금을 말함)은 어이 저리도 궁색하신가. 임금을 위해 충성을 다할 군사는 끊어졌는데, 조정에는 나라 팔아먹는 흉적만 들끓는구나. 늙은 신하가 할

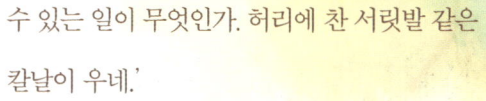

수 있는 일이 무엇인가. 허리에 찬 서릿발 같은
칼날이 우네.'

또 다른 시도 지었다.

'대포 소리 사방에서 천둥 벼락치듯 하는데
외로운 성 무너져 사기가 물 끓듯 하네.
오직 늙은 신하 한 사람 담소하고 들으면서,
조그만 띳집(띠로 지붕을 이어 지은 집) 종용(침착하고 덤비지 않음. 조용의
원말)이라 이름 지을까 생각한다.'

장경사는 인조 2년에 남한산성을 수축할 때 건립했어요. 남한산성을 수축할 때 전국 팔도의 승군을 소집하여 성을 쌓게 하고 이후 그대로 거주하면서 평상시에는 지역별로 구간을 나누어 성곽을 관리 보수하게 했어요. 장경사는 충청도 출신의 승군들이 머물던 사찰이에요. 1907년 8월 1일 남한산성 안의 9개 사찰은 일본이 조선인의 무기 및 화약 수거 때 모두 폭파됐어요. 장경사만 유일하게 무사했어요.

정온의 찬(인간의 훌륭함, 사물의 아름다움 등을 찬양하는 한문체의 글)은 이러했다.

'임금의 욕됨이 이를 데 없는데 신하의 죽음이 왜 이리 늦을까. 고기를 버리고 곰을 취한다더니, 지금이 바로 그럴 때로구나. 모시고 나가서 항복을 하다니, 신하로서 이런 치욕이 어디 있으랴. 한 칼로 어짊을 얻는다면, 죽음을 돌아감과 같이 여기리.'

망월사는 남한산성 안에 있는 10개 사찰 중 가장 역사가 깊은 사찰로 망월암에서 유래됐어요. 이 사찰은 태조 이성계가 한양에 도읍을 정할 때 한양에 있었던 장의사를 허물고 그곳에 있던 불상과 금자 화엄경, 금솥 등을 옮겨 창건했다고 해요. 대웅보전 우측에 위치한 석탑은 인도 인디라 간디 수상으로부터 직접 모셔온 진신 사리를 봉안한 13층 석탑이에요.

정온은 차고 있던 칼로 스스로 배를 찔렀다.

피가 옷과 이부자리를 흠뻑 적셨으나 다행히 목숨이 끊어지지 않았다.

소식을 듣고 내가 달려갔더니 정온은 평온하게 말했다.

"오늘 내가 죽는시늉을 했을 뿐이라는 말을 듣는데도 할 말이 없을 것 같소. 칼 위에 엎드려야 찔린 뱃속이 상해서 죽는다고 하더니, 그냥 찔렀으니 안 죽은 모양이오."

내가 보기에 김상헌과 정온은 절개가 굳은 남자다.

산성에 사는 서흔남이라는 사람이 이번 달 12일에 전하께서 쓴 편지를 가지고 각 도를 돌았다.

서흔남은 오늘 새벽에 성으로 돌아왔다.

"전라병사 김준룡은 광주 광교산에 진을 치고 여러 차례 적과 싸워 적을 많이 죽이고 사로잡았습니다. 죽은 적군 중에는 이름 있는 장수도 끼어 있습니다. 적은 양식이 떨어지자 사기를 잃었습니다. 수원은 이미 적에게 약탈당했습니다. 적은 지금 천안에 주둔하고 있어서 그 아래쪽 지방은 아무 피해도 입지 않았습니다. 전라감사는 공주로 물러가 흩어진 군사를 수습하고 있고, 충청감사는 거의 죽다가 살아나서 본영으로 돌아갔습니다."

서흔남은 바로 청주로 갔다가 상주로 갔는데 다행히 그곳까지는 적의 손길이 닿지 않았다고 한다.

"원주에 도착하니 강원감사 조정호는 춘천으로 물러가 주둔해 있고, 통제사 윤숙이 원주에 와 있는데 적의 습격이 별로 없었고, 강원도 찰방(주요한 역의 일을 맡아보는 벼슬)인 심송이 항복해 온 왜인과 우리나라 포수 몇 사람을 거느리고 달려가 적의 유격대 수십 명을 모조리 없앴습니다."

(임진왜란 때 왜인(일본인)이 많이 항복해 왔는데, 그들을 각 지방에 모여 살도록 했다.)

서흔남은 성안으로 미처 들어가지 못한 척하고 적진으로 들어갔다고 한다. 병이 든 것처럼 행동하며 바지를 벗고 다 떨어진 옷을 걸친 채 기어 다니며 적을 속였다고 한다.

그러다 구슬 달린 면류관을 쓰고 누런 옷을 입고 누런 장막 안에서 철판 위에 앉아 있는 남자를 보았다고 한다.

숯불로 데운 철판 위에 앉아 있는 그 남자는 분명히 적의 임금인 홍타이지 같았다고 한다.

"그는 제 형색을 보고 불쌍히 여겨 먹을 것을 주라고 했습니다. 음식을 받은 저는 손으로 먹지 않고 입을 대고 먹었습니다. 오줌도 그 자리에서 쌌더니 적은 아무 의심도 하지 않았습니다. 얼마 후 무릎으로 적진을 걸어 나와서는 어지간히 멀어진 다음에야 목책을 뛰어넘어 성안으로 들어왔습니다. 청나라 임금은 저를 자객이 아닌가 의심했는지 이튿날 진을 삼전포(삼전도)로 옮겼습니다."

서흔남은 일정한 직업 없이 무당 노릇도 하고, 혹은 대장간에서 일을 하기도 하며 살았다.

그렇게 미천했던 사람이 용감하게 나라를 위해 큰일을 하고 있었다. 사람은 지위를 막론하고 업신여겨서는 안 될 일이었다.

서흔남은 이번에 세운 공으로 통정대부(정3품 벼슬) 벼슬을 받았다.

적이 사람 모형의 장군석(무덤 앞에 세우는 돌로 만든 사람 모형)을 수레로 실어 왔다. 장군석의 속은 텅 비어 있어 사람이 드나들 수 있는데, 적은 그걸 이용해서 성을 넘으려는 수작이었다.

또한 적들은 구덩이를 파서 성 안팎이 통하지 못하게 했다.

사신이 오고 가며 전하께서 성 밖으로 나갈 의향을 보였는데도 불구하고 적은 성을 함락시킬 기구를 갖추느라 분주했다. 또한 종일토록 대포를 쏘아댔다.

1월 28일 김류·홍서봉·이홍주가 전하의 부름을 받았다.
영의정 김류는 김상헌·정온·윤황의 부자와 오달제·윤집·김수익·김익희·정뇌경·이행우·홍탁 등 열한 명을 적진에 보내기를 청했다.
적은 척화를 주장한 신하 중에 홍익한만 보낸 것을 못마땅해 하며 강화(싸움을 그만두고 화해함)를 허락하지 않고 있었다. 때문에 더 많은 신하를 보낼 수밖에 없는데 누구는 보내고, 누구는 빼자고 말하기가 어렵게 되자 한꺼번에 여러 사람을 거론한 것이다.

전하께서 좌의정과 우의정에게 의견을 물었다. 그러자 두 사람은 영의정 김류의 의견대로 하는 것이 좋겠다고 말했다.
마침내 전하께서도 그렇게 하라고 허락하셨다.
회의가 끝나고, 나는 좌의정과 우의정에게 말했다.
"대감들께서는 남에게 촉망을 받은 분들입니다. 그런데 오늘 결정한 일을 스스로 어떻게 생각하십니까? 훗날 역사는 오늘의 결정을 어떻게 말할까요? 세상에 이런 일이 어디 있습니까? 어떻게 영의정의 말에 한마디 반대도 없이 찬성을 하십니까? 사사로운 정으로라도 어떻게 그러실 수 있습니까?"
내 말에 우의정은 하늘만 쳐다보며 탄식을 했다.
좌의정은 곧바로 김류에게 "우리가 청한 열한 명은 너무 많으니 다시 전하를 만나 뵙고 몇 사람만 보내는 것으로 하는 것이 좋을 것 같습니다."라는 말을 전했다.
김류는 "대감 말씀을 들으니 보낼 사람과 보내지 않을 사람을 이미 생각하고 계시는 것 같은데 말씀하시면 따르겠습니다." 하고 회답을 보내왔다.

나는 부제학 이경석에게 따져 물었다.

"저는 전하를 뵙고 강력히 아뢰고 싶지만 간관(사간원, 사헌부의 벼슬아치를 통틀어 이르는 말)이 아니기 때문에 자격이 없습니다. 그렇지만 공께서는 옥당(조선 시대에 궁중의 경서, 사적, 문서 따위를 관리하고 임금의 질문에 답을 함)의 우두머리신데 어떻게 잠자코 계십니까?"

내 말에 이경석이 대답했다.

"대사간 박황이 들어오면 함께 힘을 다해 반대하겠소이다."

나는 대사간을 찾아가 그 뜻을 자세히 전했다.

"먼저 재상들에게 말해 보고, 그래도 안 되면 그때 전하를 찾아 뵈도 늦지 않을 것이오."

대사간은 곧바로 김류를 찾아갔다.

"몇 사람만 적진에 보내도 충분할 일이니 열한 명이나 보낼 필요는 없습니다. 오달제와 윤집은 처음부터 화의를 반대했으므로 그냥 넘어갈 죄가 아닙니다. 두 사람을 보내는 것도 차마 못할 노릇이지만, 꼭 보내지 않으면 안 되는 노릇이라면 이 두 사람만 보내도 되지 않겠습니까?"

김류가 말했다.

"조정에서 처음부터 대사간의 말처럼 보낼 사람을 지정했다면 내가 무엇 때문에 그 많은 사람을 보내기를 청했겠소. 대사간의 말대로 두 사람만 보내는 것으로 하겠소이다."

그렇게 해서 오달제와 윤집만 적진으로 보내기로 결정이 났다. 윤

문거는 애초부터 척화를 반대하는 일에 개입하지 않았다. 하지만 그가 아버지 대신 가겠다고 청한 탓에 명단에 끼어 있어서 사람들이 모두 원통해 하던 중이었다. 다행히 박황 덕분에 적진으로 끌려가는 사태를 면할 수 있었다.

홍서봉·최명길·김신국이 적진에 가서 성을 나가는 일을 의논했다. 적들은 "함벽여츤(손을 뒤로 결박 짓고 구슬을 입에 문 채 공물을 바치며, 죽음에 처해도 이의가 없다는 마음을 나타내기 위해 관을 짊어지고 가 항복하는 것)은 너무 참혹하니 신하와 종 500명을 거느리고 오되 위엄 있는 옷차림도 안 되고, 군사도 데려와서는 아니 되오." 하고 말했다.

그들은 이틀 후인 30일에 산성에서 나오라고 했다.

하지만 푸른 옷을 입으라는 말은 없었는데, 산성으로 돌아온 최명길은 전하께 붉은 곤룡포는 입지 않는 것이 좋겠다고 말했다(그 무렵에는 푸른 옷은 천한 사람이 입는 옷으로 여겼다).

전하와 세자께서 입을 푸른 옷을 밤을 새워 지어 바쳤다.

또한 최명길이 적에게 대포를 쏘지 말라고 부탁을 했는데, 오늘 저녁에는 대포알이 날아오지 않았다. 그동안 대포에 맞아 죽은 사람이 여섯 명이고, 말이 한 필이었다.

밤에 용골대와 마부대가 청나라 임금의 편지를 들고 왔다.

어제 보냈던 편지에 대한 답장이었다.

'네가 보낸 글에 '속히 명령을 내리시어 제가 안심하고 폐하의 명령을 따를 수 있도록 길을 열어 주십시오.' 한 것은 내가 거짓으로 말을 하지 않을까 의심하는 것이냐?

나는 진심을 다해 내가 한 말을 행동으로 옮길 것이며 훗날 너의 새로운 계획을 도울 것이다.

이제 임금과 신하 관계가 이뤄지면 너의 모든 죄를 용서하고 믿음과 의리를 지킬 것이다.

네가 지난날의 잘못을 뉘우치고 내게 복종하려 한다면 명나라에서 준 임금 임명서와 옥새를 내게 바치고, 명나라와의 관계를 끊도록 하라.

앞으로 명나라 연호는 쓰지 말 것이며, 나라의 모든 문서에는 우리 청나라의 연호를 쓰도록 하라.

또한 너의 맏아들(소현세자)과 둘째 아들(봉림대군)을 인질로 하고, 벼슬 높은 대신의 자식도 인질로 보내되 자식이 없는 대신은 동생을 보내도록 하라.

내가 명나라를 정벌하려 하면 너에게 사신을 보낼 것이다.

내가 사신을 보내면 너는 수만의 군사를 정한 날에 반드시 보내도록 하여라.

군사를 보내는 날짜와 장소를 절대 어겨서는 안 된다.

내가 본토로 돌아가는 길에 가도를 공격하겠다.

너는 내가 가도 공격을 무사히 성공할 수 있도록 배 50척을 내고 군사와 무기를 갖추어 대비할 것이며, 청나라 군사들이 돌아갈 때는 마땅히 음식을 갖추어 대접해야 한다.

또한 새해 첫날, 황제와 태자의 생일과 경조사에는 반드시 너의 마음을 담은 글을 지어 바치되 네가 바칠 표전(표문과 전문. 표문은 임금에게 의견을 올리는 글, 전문은 길흉을 임금에게 아뢰는 글)의 격식에 대해서는 나중에 내가 조서를 내릴 것이다.

혹 일이 있어 내가 사신을 보낼 경우에는 너는 반드시 사신을 만나야 하고, 사신을 맞이하고 보내는 방법은 명나라에 했던 것과 똑같아야 한다. 내가 끌고 가는 포로 중에 도망쳐 오는 자가 있으면 반드시 잡아서 다시 보내야 한다.

만약 포로나 인질이 된 사람을 돈이나 재물을 내고 돌려받고 싶다면 포로의 주인과 협의하도록 해라.

우리 군사가 죽음을 무릅쓰고 사로잡은 포로들이니 너는 차마 결박 지워 보낼 수 없다는 핑계를 해서는 안 된다. 나는 네가 성을 쌓거나 낡은 성을 수리하는 것을 허락하지 않는다.

너희 나라로 도망간 여진 사람은 모두 우리 청나라로 돌려보내도록 하라.

일본과의 무역은 지금까지 하던 대로 하는 것을 허락하지만 일본 상인이 우리 청나라로 가도록 하라. 나 또한 일본에 사신을 보낼 것이다.

동쪽 변경에 도피해 있는 여진 사람들과는 다시 무역을 할 수 없으며 만약 그들을 발견하면 붙잡아서 보내야 한다.

너는 이미 죽은 몸인데 내가 다시 살려 주었다. 거의 망하게 된 나라와 백성을 보호하고 보전시켰으니 너는 마땅히 받은 은혜를 저버리지 않아야 한다.

훗날까지 자자손손이 믿음과 신뢰를 어기지 않게 하면 네 나라는 영원히 안전할 것이다.'

해마다 바쳐야 할 물건도 정해 주었다.

'황금 100냥, 백금 1,000냥, 코뿔소 뿔을 장식한 활 200개, 한약재로 쓰일 단목 200근, 환도(군복에 갖추어 차는 칼) 20자루, 표범 가죽 100장, 사슴 가죽 100장, 차 1,000포대, 수달 가죽 400장, 날다람쥐 가죽 200장, 후추 10말, 허리에 차는 칼 26자루, 큰 종이 1천 두루마리, 작은 종이 1천 두루마리, 용무늬 돗자리 4닢, 꽃무늬 돗자리 40닢, 흰 모시 200필, 빛깔 있는 명주 2천 필, 삼베 400필, 빛깔 있는 베 1만 필, 보통 베 1천 필, 쌀 1만 포대.'

이날 서녁에 척화에 앞상섰던 오달제·윤집이 적진으로 가게 되었다.

두 사람의 얼굴빛이 조금도 다르지 않았다. 변함없는 표정이 보내는 사람의 마음을 좀 누그러뜨려 주었다.

전하께서 두 사람을 부르며 크게 소리 내어 우셨다.

그리고 술을 내리며 말씀하셨다.

"너희 부모와 아내, 자식들은 내가 끝까지 잘 보살피겠다. 아무 염려하지 말라."

두 사람은 "신들이 죽더라도 무엇이 아깝겠습니까? 다만 전하께서 기어코 명나라에 죄를 지으셨으니 저희가 참으로 부끄러울 따름입니다."하고 흐느껴 울면서 절하고 물러 나왔다.

남한산성에 들어오던 날 오달제와 그의 형 달승은 타고 올 말이 없어서 걸어서 들어왔다.

형 달승은 울면서 "내 아우는 말이 없어서 성으로 들어올 때도 걸어서 왔는데, 이제 또 걸어서 적진에 가는 것을 차마 볼 수가 없습니다. 남의 말을 얻어서라도 태워 보내 주십시오."하고 말했다. 그 자리에 있던 사람 모두 눈물을 흘렸다.
벌써 날이 어두워서 두 사람은 적진으로 출발하지 못했다.

1월 29일 아침에 오달제·윤집 두 사람을 적진으로 데리고 갈 사람이 정해지지 않아서 최명길이 데리고 가기로 했다.
최명길은 두 사람에게 "그대들이 가서 내 말대로 하면 아무 일 없을 것이오."라고 했다.
그것은 아첨하고 스스로 죄를 말하라는 것이었다.
두 사람은 미소 지으며 그러마고 했다. 적진에서 멀지 않은 곳에 이르자 최명길은 두 사람을 묶었다.
그리고 두 사람을 적에게 바쳤다. 최명길의 쥐새끼 같은 간사함은 차마 입에 담을 수가 없었다.
청나라 임금은 최명길에게 담비 가죽 옷과 술을 내리고 스스로 복종하는 것을 칭찬했다.
그런 다음 오달제와 윤집을 뜰 아래로 끌어내어 물었다.
"왜 청나라와 조선이 형제로서 맺은 약속을 깨뜨렸느냐?"
오달제가 대답했다.
"우리나라가 신하로서 명나라를 섬긴 것은 300년이오. 명나라가

현절사는 병자호란 후 중국 심양으로 끌려가 충절을 지키다 비운을 맞은 삼학사(오달제, 윤집, 홍익한)의 영혼을 모신 사당이에요. 삼학사는 남한산성이 청 태종의 12만 대군에 완전 포위당한 상황에서도 당당히 맞서 싸울 것을 주장한 인물들이에요. 후에 좌의정 김상헌, 이조참판 정온의 위패도 함께 모셔져 오학사라고 불러요.

있는 줄은 알아도 청나라가 있는 줄은 모르는데 어떻게 척화를 하지 않을 수 있단 말이오?"

윤집도 대답했다.

"우리나라가 명나라를 섬긴 지 300년이나 되었소. 의리로 보자면 임금과 신하이고 정으로 치자면 아버지와 아들이오. 그런데 청나라에서 사신을 보내왔으니 잘못된 일에 대해 임금께 아뢰는 것은 신하의 당연한 도리인데 어떻게 척화에 앞장서지 않겠소? 이 말 밖에는 할 말이 없으니 속히 나를 죽이시오."

윤집은 그렇게 말하고는 더 이상 입을 열지 않았다.

두 사람은 끝까지 정정당당하게 말하고 조금도 아첨하거나 굽실거리지 않았다.

두 사람은 절개가 굳은 대장부였다.

산은 움직일 수 있어도 그들의 절개는 움직일 수 없었다.

최명길이 돌아와 한숨 지며 탄식했다.

"오달제와 윤집은 내가 이르는 대로 했다면 해를 입지 않았을 텐데 내가 여러 가지로 타일렀건만 적진에 가서는 하고 싶은 말만 했으니 아마 겁이 나서 그랬던 모양이오."

날이 갈수록 심해지는 최명길의 간사함에 모두 코웃음을 치며 비웃었다.

이조참판 정온이 상소를 했다.

'제가 자결하려 했던 것은 오늘 전하가 겪을 일을 차마 볼 수 없어서였는데 한 가닥 목숨이 사흘이나 이어지고 있으니 참으로 괴이한 일입니다.

최명길이 이미 전하로 하여금 청나라를 임금으로 받들고 신하가 되어 성 밖으로 나가 항복하게 하였으니 이제 임금과 신하의 신분이 정해졌습니다.

신하라 해도 임금에 대해 덮어놓고 순종하며 공경만 해서는 안 됩니다. 다툴 일이 있으면 다투어야 합니다. 저들이 명나라에서 준 임명서와 옥새를 바치라고 요구하거든, 전하께서는 명나라에서 받아서 쓴 지 이미 300년이나 되었으니 임명서와 옥새는 마땅히 명나라에 돌려줘야지 청나라에 바치는 것은 옳지 않다고 주장하셔야 합니다.

명나라와 조선은 부자의 관계입니다.

만일 저들이 명나라를 공격할 때 도우라고 요구하면 전하께서는 아들을 시켜 아비를 공격하게 하는 것은 윤리와 기강에 어긋날 뿐만 아니라 공격하는 자도 죄가 있고, 시키는 자도 옳지 않다고 주장하셔야 합니다.

그러면 흉악하고 교활한 지들도 반드시 이해할 것입니다.

엎드려 원하오니, 이 두 가지를 꼭 명심하시어 후세에 부끄러움이 없도록 하시면 다시없는 다행이겠습니다.

저는 거의 목숨이 끊어지게 되어 전하를 따르지 못합니다. 또 길에 나아가 울음으로 배웅하지 못하니 신하로서의 죄가 큽니다.'

이날 신경진·구굉·최명길·이시백이 한자리에 모이고, 나 역시 그 자리에 참석했다.

내가 최명길을 보고 말했다.

"지금 성을 나서는 절차를 다투어서 결정하지 않으면 훗날 적들이 따르기 어려운 요청을 해도 따를 수밖에 없습니다. 오늘 분명히 그 절차를 정해 놓아야 합니다."

"지금은 조용히 성을 나서고, 그런 후에 이야기를 해도 늦지 않을 것이오."

"오늘 다투어서 결정하지 못한다면 언제 할 수 있단 말입니까? 저들은 명나라 황제가 내린 임명서와 옥새를 바치라고 독촉하는데, 300년이나 내려온 보배를 어떻게 저들 도둑에게 내어 줍니까? 또한 가도를 공격할 때 명나라를 공격하라 하는데 어떻게 그 요구를 들어 줍니까? 저들에게 조선과 명나라와의 의리는 임금과 신하의 관계이고, 정으로는 아버지와 아들의 관계이니 명나라에서 내린 임명서와 옥새는 절대 바칠 수 없다, 또 부모의 나라를 공격할 수도 없다고 다투어야 합니다. 훗날에 오늘의 명나라와 조선과 같이 청나라를 배반해야 하는 상황이 닥친다면 역시 지금처럼 따르지 못할 것은 당연한 일이다, 하고 말하면 저들이 비록 개나 돼지라 하더라도 어찌 귀를 기울이지 않겠습니까? 또 황금은 본래 우리나라에서 나는 것이 아니니 마련해 보낼 수가 없다고 말해야 합니다."

내가 강하게 주장했지만 최명길은 끝내 내 말을 들으려 하지 않았다. 그런 말을 해서 화의가 이루어지지 않을까 두려웠기 때문이었다.

신경진이 내게 말했다.

"공은 평소에 전하의 말씀을 순종하지 않고 반대하는 말을 잘 했소. 지금 청나라 임금 앞에서 공처럼 말하는 사람이 없을 텐데, 어찌하여 나서서 저들에게 말하지 않는 것이오?"

그 말에 내가 대답했다.

"나를 적진에 보내 주면 나는 죽음을 무릅쓰고 다툴 것이오. 그런데 대감은 어찌하여 나를 적진으로 보내지 않으십니까?"

그러자 신경진은 아무 말도 못했다.

내가 여러 차례 신경진의 잘못을 전하께 아뢰었는데, 아마 그 일을 두고 그렇게 말하는 것 같았다.

김류가 전하께 아뢰었다.

"지금 삼정승이 다 늙고 병들어서 북으로 떠나시는 세자를 따라가기 어렵습니다. 힘센 사람을 새로 임명해 주십시오."

전하께서는 이를 허락하시고, 병조판서 이성구가 우의정 자리를 대신하게 하셨다.

이성구가 우의정에 임명되자, 김류가 말했다.

"세자를 모시고 따라갈 사람이 꼭 정승이라야 하는 것은 아닙니다. 정2품 중에서 보내도 무방합니다. 이성구는 본래 재주와 지혜가 많으니, 그냥 여기 머물러 있게 하여 함께 나라 일을 의논하시는 것이 좋겠습니다."

전하께서는 김류 말대로 춘성군 남이웅을 대신 보내는 것이 좋겠다고 말씀하셨다.

원래 김류는 이성구를 체찰부사로 삼아서 크고 작은 일을 모두 그와 함께 처리했다.

지난번 유백증이 김류를 목 베라고 상소했을 때, 모든 사람이 김류와 사이가 좋지 않아 아무도 그 사실을 말해 주지 않았다.

사흘이나 아무것도 모르고 있던 김류에게 그 사실을 알려준 것도 이성구였다. 그 일이 있은 뒤, 김류는 이성구를 체찰부사로 발탁했다.

전하가 성을 나설 때 뒤를 따를 500명을 모두 체찰사인 김류가 정했는데 하인들도 김류에게 청탁을 하면 나갈 수가 있었다.

따르는 사람이 대부분 벼슬아치 밑에서 일을 하던 사람과 삼의사(조선 시대에 내의원·전의원·혜민서를 통틀어 이르던 말)이어서 삼사의 장관도 전하의 뒤를 따라갈 수가 없었다.

이홍주가 전하의 명령으로 2월 2일에 성을 나섰다.

성안의 군사들은 통솔할 장수가 없어서 모두 제멋대로 뿔뿔이 흩어진 상태였다. 또한 도처의 적은 아직 진지를 철거하지 않은 채 약탈과 살해를 일삼았다.

수많은 우리 백성이 그들에게 당할 수밖에 없었다.

온갖 고난을 다 겪고, 죽을 고비를 가까스로 넘기고 겨우 목숨을 붙여 왔는데 이 지경에 이르렀으니 참으로 불쌍하다.

1월 30일 해가 빛이 없다. 전하와 세자께서는 푸른 옷을 입고 남한산성 서쪽 문으로 나가셨다.

청나라 임금은 한강 동편 삼전도에서 9층 단을 만들고 그 단 위에 누런 장막을 치고, 노란색의 햇빛 가리개를 받쳐 놓고 있었다. 거느리고 있는 군사 수만 명이 한결같이 키가 크고 강해 보였는데, 수놓은 비단옷과 갑옷을 다섯 벌씩 껴입고 좌우에 늘어 서 있었다.

전하께서는 군사 앞에서 청나라 임금을 향해 세 번 절하고 아홉 번 머리를 조아렸다. (삼배구고두례(三拜九叩頭禮). 중국 청나라 시대에 황제나 대신을 만났을 때 머리를 조아려 절하는 예법.)

그러자 저들이 전하를 인도하여 계단을 오르도록 했다.

전하께서는 청나라 임금이 거느린 여러 왕의 오른편으로 옮겨 가 서쪽을 향해 앉으시고, 청나라 임금은 남쪽을 향해 앉았다.

이어 음식이 나오고 군사들이 음악을 연주했다.

연주가 끝나자, 청나라 임금은 전하께 담비 가죽으로 만든 옷 두 벌을 드렸다. 따라간 신하들에게도 차례로 한 벌씩의 담비 가죽옷을 나누어 주었다.

전하께서는 받은 옷으로 갈아입은 다음에 뜰에서 사례하시고, 대신 이하도 역시 차례로 사례했다.

이때 빈궁(임금의 후궁 중 가장 높은 자리)과 대군과 숙의(임금의 후궁) 및 두 대군의 부인이 이미 강화에서 나와 적의 진중에 와 있었다.

청나라 임금은 전하를 한양으로 돌아가게 했다.

숙의·인평대군과 부인도 함께 한양으로 가도록 했지만 동궁·빈궁(동궁의 아내)·봉림대군과 그 부인은 장차 심양으로 가야 했으므로 들판 가운데 쳐진 장막에 남아 있어야 했다.

춘성군 남이웅·박황·김남중·이명웅·이시해·이진 등이 장차 북으로 가게 되어 있는데, 정뇌경이 자청해서 함께 가겠다고 했다. 이때 청나라 진영에 잡혀 있던 박노가 석방되어 돌아왔는데, 박노도 북으로 가기로 했다. 그 이유는 박노가 적들에게 알려져 있기 때문이었다. 대신 부빈객 자격으로 가게 되어 있던 김남중이 제외되었.

전하께서 남한산성을 나설 때, 온 성안의 백성이 울며 배웅을 했다. 하늘과 땅이 백성의 우는 소리로 뒤흔들렸다.

2월 1일 청나라의 음표신 선전관이 남한산성으로 들어왔다. 그는 조선 군대를 해산하고 내일 모두 산성에서 내려오라는 청나라 임금의 명령을 전했다.

2월 2일 성안의 사람들이 아침 일찍 일어나 밥을 먹고 성을 내려왔다.
적들이 사방에 수없이 깔려 있었다.
평소에 늘 다니던 길인데도 동서남북 방향을 분간할 수 없을 지경이었다.
적진에 있는 사람 중에 절반이 우리나라 포로였다. 그들은 드러내 놓고 말도 못하고 눈물을 흘리며 흐느껴 울었다.
어떤 이는 길옆에서 엎드렸다가 고개를 반듯이 들고 합장을 했다. 호소할 말이 많아 보였다.
적군은 그런 모습을 보게 되면 반드시 채찍으로 사정없이 때렸다. 그 참혹한 모습을 차마 볼 수가 없었다.
몸치장을 하고 얼굴에 분을 바르고서 의기양양 말을 타고 달려가는 계집이 있었다. 적에게 잡힌 기생이라고 했다.
또 거만하게 반듯이 누워 담뱃대를 비스듬히 빨면서 조금도 근심하거나 슬퍼하는 기색이 없는 사람도 있었는데 어떤 심보인지 모르지만 몹시 괘씸하게 여겨졌다.
양반의 부인과 처녀들은 차마 얼굴을 드러내 놓고 남을 볼 수가 없어서 옷을 머리에 뒤집어쓰고 있었다.

남한산성에 있는 서문이에요. 남한산성을 처음 쌓았을 때부터 있었던 것으로 보이며 정조 3년에 개축하여 우익문이라 불러요. 1637년 1월 30일 인조가 세자와 함께 청나라 진영으로 들어가 항복할 때 이 문을 통과했어요. 서쪽 경사면이 가파르기 때문에 물자를 이송하기는 힘들지만 서울 광나루와 송파나루 방면에서 산성으로 진입하는 가장 빠른 길이에요.

삼전도에 있는 적의 진영에 가 보았다.

세자께서 그 안에 머물러 계시지만 적의 단속이 매우 엄해서 들어가 뵐 수가 없었다.

신하의 도리로 망극하기가 이를 데 없었다.

서로 먼저 삼전도를 떠나려는 사람들 때문에 아수라장이었다.

어떤 사람이 물을 건너는데, 물이 깊어서 말안장까지 물이 차올랐다.

어떤 사람들은 배로 건너려는데 서로 먼저 타려고 아우성이었다. 혼란은 아침부터 저녁까지 계속되었다.

적이 수레에다 대포와 기구들을 실어 갔다. 그 크기가 두 칸 대들 보만 했다.

산성 아래에서 마포 서쪽까지, 한강에서 현석 동쪽까지 적군이 가득 차서 남으로 내려가는 군사가 미처 돌아갈 수가 없을 정도였다.

이날 청나라 임금이 길을 떠나자 전하께서는 도성의 동쪽 밖으로 나가 배웅하셨다.

청나라 임금은 전관(서울 성동구 사근동)을 지나 양주로 향해 익담령을 넘어갔다.

나머지 군사들도 매일 얼마씩 나눠 철수했는데, 13일에 가서야 끝이 났으니 우리나라로 쳐들어온 청나라 군사 숫자가 얼마나 많았는지 짐작할 수 있었다.

전관에서부터 한양까지는 적군이 없었다.

하지만 죽은 우리 백성이 길에 가득 널려 있어 마음이 아프고 눈물이 절로 솟구쳤다.

도성 안에 들어와 보니 일반 백성의 집은 모조리 거덜이 나 있었다. 청계천 옆의 집들은 모두 불타 버렸다.

각 부처의 서리(아전)들은 부모 처자가 살았는지 죽었는지 찾으러 나가고 없었다.

오직 관아의 벼슬아치 밑에서 일을 보던 사람 두어 명이 있을 뿐이었다.

산성에서 나올 때 적에게 약탈을 당한 사람들이 있었다.

전에 참의(정3품 벼슬)였던 이상급은 산성에 있을 때부터 병이 있어 뒤떨어져 있었다.

그러다 뒤늦게 혼자 성을 나오다가 적에게 옷을 죄다 빼앗기고 결국 그날 밤 얼어 죽었다.

2월 3일 용골대·마부대 두 오랑캐 장수가 통역 정명수를 데리고 대궐 밖으로 왔다.

영의정 김류와 좌의정 홍서봉이 나가서 그들을 접대했다.

김류가 그들에게 말했다.

"이제 우리 두 나라는 부자간이 되었으니 무슨 말씀인들 따르지 않겠습니까? 나중에 가도를 공격하고 명나라를 공격하면 오직 명령에 따르겠습니다."

이번에는 홍서봉이 말했다.

"황금은 우리나라에서 나지 않습니다. 황제께 아뢰어 바쳐야 할 물품에서 빼 주십시오. 온 나라가 소망하는 일입니다."

그러자 통역 정명수는 "처음 의논할 때 결정짓지 못한 일을 제가 어떻게 용 장군께 말씀드리겠습니까? 또한 용 장군은 또 어떻게 감히 황제께 아뢰니까? 대감께서는 어찌하여 체면을 생각하지 않으십니까?"고 하였다.

홍서봉은 "그도 그렇겠군."하고 그만두었다.

김류는 접대가 끝나자 적에게 붙잡힌 딸에 대해 말을 꺼냈다.

김류 첩의 딸이 적에게 붙잡혔는데, 저번에 전하께서는 용골대를 접대하면서 김류의 딸을 돌려보내 줄 것을 당부했다. 그 일은 김류가 전하께 청을 넣었던 일이었다.

하지만 용골대는 아무 대답도 하지 않았다.

김류는 용골대에게 "만약 딸을 보내 주신다면 천금을 드리겠습니다."하고 말했다. 결국 그 말 때문에 포로나 인질로 잡힌 사람의 몸값이 터무니없이 높아지고 말았다.

"제 딸을 돌려보내는 일은 이미 전하께서 청하신 일이니 대인께서 잘 주선해 주십시오."

그러나 이번에도 용골대는 아무 대답도 하지 않았다.

용골대가 나가자 두 재상도 뜰로 내려갔다.

김류는 통역 정명수 귀에다 대고 속삭였다.

"부디 내 딸이 하루 속히 돌아올 수 있도록 힘써 주십시오."

그러나 정명수도 역시 아무 말이 없었다.

김류가 정명수를 끌어안고 있자 정명수는 김류를 뿌리쳐 버렸다.

원래 오랑캐의 풍속은 서로 끌어안는 것은 친해졌을 때 하는 행동으로 여기기 때문이었다.

저녁 때 대여섯 명이 소현세자를 모시고 대궐에 도착했다.
그런데 적들은 빨리 가자며 계속 성화를 부렸다.
통역 정명수는 말을 타고 대궐 안을 제 집처럼 드나들며 오랑캐보다 더 심하게 독촉을 했다. 세자께서 잠시 오셨다 바로 떠나셔야 했으니 신하로서 슬픔과 아픔이 이루 말할 수 없었다.

2월 4일 별 일이 없었다.

2월 5일 내 벼슬이 병조참지라서 병조의 회의에 참석했다. 판서는 신경진이고, 참의는 정기광이었다.
판서인 신경진은 몹시 화를 내며 문관들을 꾸짖었다.
"쥐새끼 같은 것들이 나라를 이 지경에 이르게 했다!"
정기광까지 거들자, 신경진의 기세가 참으로 대단했다.
좌랑(정6품 벼슬) 남노성은 처자가 적에게 붙잡혀 있어서 마포에 있

는 적진을 찾아갔다.

그런데 그만 그날 저녁에 미처 들어오지 못했다.

결국 정기광에게 채찍을 맞고 끌려 왔다.

원래 정기광은 오랫동안 선비들에게 미움을 받아 왔었는데, 신경진에게 붙어서 그처럼 난폭하게 굴고 있었다.

한양으로 돌아온 구굉은 두 팔을 걷어붙이고 소리쳤다.

"평소에 윤황은 적이 우리나라를 공격하면 제 여덟 아들을 거느리고 나가 격퇴시킬 수 있다고 하더니, 여덟 아들은 지금 어디에 있느냐! 척화를 주장해 나라 꼴을 이 지경에 이르게 했으니 윤황 목을 베지 않는다면 무엇으로 나라를 위하겠는가?"

장수들은 척화를 주장한 문인들을 마치 종놈이나 하인처럼 보았다. 기세등등한 무인들 때문에 문인들은 무서움에 벌벌 떨었다.

무인들은 남한산성을 지킨 것은 자신들이라고 주장했다. 또한 산성에서 내려온 일이 큰 공이라도 세운 것처럼 교만하게 굴며 횡포

인조가 남한산성에서 내려와 청 태종에게 항복한 사실을 기록한 삼전도비예요. 전쟁이 끝난 뒤, 청 태종은 자신의 공덕을 새긴 기념비를 세우도록 조선에 강요했어요. 삼전도비는 현재 잠실 롯데 옆 삼전동에 있어요.

를 부렸다.

2월 6일 아침을 일찌감치 먹은 뒤에 전하를 모시고 구왕자가 있는 한강 서쪽으로 갔다.

세자께서도 역시 그 근처에 계셨다. 전하께서 먼저 세자를 만난 뒤에 구왕자를 찾아갔다. 구왕자는 청나라 임금의 아홉째 동생이었다. 왕자가 나와 전하를 맞아 말 위에서 서로 인사를 했다. 전하와 구왕자는 말고삐를 나란히 하고 구왕자의 장막에 이르렀다. 구왕자가 인사를 한 다음 음식과 술을 내어 권하고 군악을 연주하게 했다. 구왕자가 먹다 남은 음식을 그의 장관들에게 나누어 주므로, 전하께서도 구왕자가 하는 대로 음식을 함께 간 신하들에게 나누어 주었다.

음식이 차려지자 배고프고 목마르던 참이라 모두 달게 먹었다. 하지만 나를 비롯해 신익성·이지항 등 세 사람은 음식을 입에 대지 않았다.

전하께서 환궁하실 때 세자께서 뒤를 따라왔다. 나는 말굴레와 고삐를 붙잡고 울면서 세자께 하직 인사를 했다.

세자께서는 눈물을 글썽거리시면서 "그대도 이제 어머니를 찾아뵈러 가겠지? 나는 초여드렛날 서쪽으로 떠날 것이니, 나를 서교(서울의 서대문 밖)에서 전송해 주기 바라네."라고 하셨다.

나는 이 말씀을 듣고 왈칵 울음이 터져 버렸다.

전하를 모시고 돌아오면서 적진을 살펴보았는데, 포로로 잡힌 우리나라 사람 중에는 이미 죽임을 당했거나 화살을 맞았는지 목숨이 위태로운 사람도 있었다.

어떤 사람은 전하가 지나가는 것을 보고 뒤쫓아 오다가 적에게 붙잡혀 갔다.

어떤 이는 전하를 향해 두 손을 모으고 절을 했다.

눈에 보이는 것 모두 비참한 것뿐이었다.

2월 7일 별다른 일이 없었다.

2월 8일 전하께서 날이 샐 무렵에 세자의 가는 길을 전송하려고 창릉(경기도 고양시에 있는 서오릉 가운데 하나) 건너편 길가로 나가셨다. 어떤 사람이 구왕자가 창릉 아랫길로 온다고 했기 때문이다. 전하께서는 서둘러 어가를 몰아 거의 10리를 가셨다.

그러던 중에 또 어떤 사람이 구왕자가 홍제원으로 온다고 했다. 다시 방향을 바꿔 급히 홍제원으로 향하던 중에 구왕자를 만났다.

전하께서는 구왕자와 작별 인사를 나눈 뒤에 빈궁과 대군의 부인과 함께 장막 안으로 들어가 말씀을 나누셨다.

세자께서는 장막 밖에 있었는데, 모든 신하가 울며 작별 인사를 드렸다. 세자께서는 나를 보시고 "아흔이 넘은 병든 그대의 어머니는 지금 어디 있는가?"하고 물으셨다.

"죽었는지 살았는지 소식을 모르고 있습니다."

"부모를 버리고 전하를 따라 남한산성에 들어가서는 남보다 갑절이나 고생하는 그대를 보면서 늘 마음에 걸렸다오."

나는 감격하여 그만 목을 놓아 울고 말았다.

세자께서는 "하늘이 하시는 일인데 사람의 힘으로 어떻게 하겠는가?"하시며 나를 달래셨다.

두어 해 전에 의주(평안북도 의주군) 통역관으로 있던 한보룡이라는 사람이 이번에는 오랑캐의 통역관으로 왔다.

그는 사대부들에게 "비록 제 몸은 오랑캐 땅에 있지만 이 나라를 어찌 잊겠습니까?"하며 적의 상황을 낱낱이 말해 주었다.

내가 한보룡에게 물었다.

"이번에 온 군사가 얼마냐?"

"20만이라고 하지만 14만입니다."

"적병이 우리나라에 와서 죽은 자가 얼마나 되느냐?"

"불과 몇 만밖에 안 됩니다."

"그러면 적 중에서 높은 장수가 죽었느냐?"

"직함이 우리나라 방어사와 같은 청나라 임금의 매부가 광교산 싸움에서 죽었습니다."

"우리나라로 쳐들어올 당시 심양에는 군사가 없었느냐?"

"왜 없겠습니까? 저들이 나라를 비워 놓고 올 리가 있습니까? 거기도 6, 7만은 있었습니다."

그때 다른 통역관이 오자 한보룡은 입을 다물었다.

마침내 세자와 봉림대군이 출발하시고, 빈궁의 시녀 6명과 대군 부인의 시녀 4명이 뒤를 따랐다. 곧이어 남이웅을 비롯한 박황·박노 등 많은 신하가 그 뒤를 따랐다.

북으로 떠나는 모습을 보고 모든 신하가 일시에 통곡하고, 전하 역시 연방 눈물을 씻으시었다.

적들은 아침 해가 뜰 무렵부터 세 줄로 서서 큰길을 따라 걸었다. 포로로 잡힌 우리나라 사람 수백 명이 앞서 가면 오랑캐 한둘이 뒤를 따라 가곤 했는데, 종일토록 끝이 나지 않았다.

(훗날 심양의 인구 수가 60만인데, 그 숫자에는 몽골 포로는 포함되지 않았다고 한다. 끌려간 우리 백성이 얼마나 많았는지 짐작할 수 있었다.)

전하께서는 참혹한 꼴을 차마 보실 수가 없으셔서 큰길이 아닌 산 밑으로 난 길을 따라 돈의문을 거쳐 궁궐로 돌아오셨다.

한 늙은 여자가 손바닥으로 땅을 치고 울면서 외쳤다.

"여러 해를 두고 강화도의 성을 수리하는 것을 보고 백성이 얼마나 믿고 의지했는데 어찌 오늘날 이 지경에 이르렀단 말이냐! 나라의 중요한 책임을 맡은 사람들이 날마다 술이나 마시는 것을 일로 삼더니 마침내 백성을 모조리 죽게 했으니 누구의 탓이냐! 내 자식과 남편이 적의 칼에 다 죽고 이 늙은 몸만 남았으니 오, 하늘이시여! 이런 원통한 일이 어디 있단 말입니까?"

듣는 사람이 모두 슬퍼했다.

이날 저녁에 나는 전하를 뵙고 늙으신 어머님을 찾아보겠다며 휴가를 얻었다.

그래서 그날 이후부터의 일은 내가 직접 보지 못했다.

하지만 팔도감사, 병사에 관한 일, 강화가 함락된 전말, 그리고 훗날 적과의 교섭에 관한 일 등 귀로 들은 내용을 털끝 만큼도 빠뜨리지 않고 다 기록해 두었다.

무망루는 병자호란 때 인조가 겪은 시련과 8년 동안 청나라 심양에 볼모로 끌려갔다 귀국 후 북벌을 꾀했던 효종의 뜻을 잊지 말라는 뜻에서 영조가 지은 이름이에요.

강화도에서 있었던 일

청나라군이 쳐들어온 뒤 한양을 버리고 떠날 때, 김경징(영의정이자 도체찰사 김류의 아들)은 검찰사가 되어 강화도로 들어 가게 되었다.

김경징은 어머니와 아내를 각각 가마에 태우고 계집종은 말에 태웠다. 짐 실은 말까지 모두 50필이나 되었다. 서울 장안의 말꾼과 말이 동이 날 지경이었다.

한 계집종이 탄 말이 발을 절어 뒤떨어지자, 말꾼에게 잘 이끌지 못한다며 길에서 심하게 매질을 했다.

검찰사 김경징은 부사 이민구·종사관 홍명일과 함께 먼저 강화로 들어갔다. 뒤따라서 원임대신 윤방·김상용·여이징 등이 종사를 받들고, 승지 한홍일이 빈궁과 원손(소현세자의 아들)을 받들어 모시고 숙의와 봉림대군·인평대군과 그 부인들, 그리고 궁인·부마·공주·옹주가 그 뒤를 따랐다.

그런데 가까스로 갑곶(김포군 원관면과 강화면 사이 염하에 있는 나루) 나루에 도착했지만 배가 없어 강을 건널 수가 없었다.

일행은 이틀 낮 이틀 밤을 물가에 머물렀지만 건널 가망이 없었다. 모두 몸이 얼고, 굶주림에 시달려야 했다. 배가 모두 강화에 가 있어서 건널 수가 없었던 것이다.

나루에서 강화도로 건너가게 해 줄 수 있는 사람은 김경징뿐이었다. 화가 난 빈궁께서 가마 안에서 소리치셨다.

"경징아, 경징아! 어떻게 네가 이럴 수 있느냐!"

강화유수(종2품 벼슬) 장신이 김경징에게 이 사실을 알렸다.

얼마 후, 빈궁과 일행은 무사히 강을 건널 수 있었다.

하지만 피난 온 수천, 수만의 양반과 백성은 건너가지 못했다. 많은 사람이 나루터에 빽빽이 서서 건널 수 있게 해 달라고 아우성을 쳤지만 김경징은 한 명도 건네주지 않았다.

그 사이에 청나라 기병이 재빨리 뒤쫓아 와서 나루터에 모여 있는 사람들을 눈 깜짝할 사이에 짓밟았다. 많은 사람이 다치고, 가지고 있던 것들을 빼앗겼다. 또한 많은 사람이 바다에 빠져 죽었다.

김경징은 배로 김포와 통진에 있는 나라 곡식을 강화도로 옮겨갔다. 섬 안의 사대부들을 돕는다고 했다. 하지만 김경징의 친구 이외에는 아무도 얻어다 먹은 사람이 없었다.

전쟁 중이라 금은보석은 쓸모가 없었다. 오직 곡식만이 귀했는데 김경징은 제 이익만을 꾀했다. 또한 해주·홍성군 창고의 곡식도 모두 강화로 운반해 가려고 했으나 섬이 함락되는 바람에 미처 그 계획은 포기했다.

김경징은 강화도가 험하고 견고하여 어떤 적도 건너오지 못한다고 큰소리를 쳤다. 그러면서 아침저녁으로 잔치를 열고 술판을 벌였다. 남한산성이 포위된 지 이미 한 달이 지났건만 그곳의 소식은 알 길이 없었다. 김경징은 포위된 남한산성 안에서 임금에게 무슨 일이 있거나 말거나 생각도 하지 않은 채 놀고 마셨다.

대신이 무슨 말을 하면 "피난 온 신하가 무슨 자격으로 나한테 함부로 이래라 저래라 하는 거요?"하며 화를 냈다.

왕자가 말을 해도 마찬가지였다.

"이 위급한 상황에 대군이 어떻게 감히 나한테 참견을 한단 말이오?"

왕자, 대신 누구도 김경징에게 아무 말도 할 수 없었다.

별좌(종5품 벼슬) 권순장과 생원 김익겸이 김경징과 이민구·장신 등에게 글을 보냈다.

'지금은 와신상담(원수를 갚으려고 온갖 괴로움을 참고 견딤을 이르는 말)을 할 때이지, 술을 마실 때가 아니오.'

그 글을 읽은 김경징은 몹시 화를 냈다.

김경징은 원래 누가 나무란다고 들을 사람도 아니었지만, 나머지 사람들도 모두 강화도가 천연의 요새라 믿으며 적을 막을 준비는 전혀 하지 않았다.

하급 관리들마저 모조리 집으로 돌려보내어 섬 밖의 일은 아예 나 몰라라 했다.

그런 김경징 무리들을 보며 사람들은 모두 한탄을 했다.

충청감사 정세규가 적진에서 숨을 거둔 뒤 남한산성의 행궁에서 이민구를 충청감사로 임명한다는 소식이 왔다.

이민구는 강화만이 안전하다고 여겼다. 충청남도로 가면 꼭 죽을 것이라고 여기며 안 갈 방법을 찾느라 전전긍긍했다.

조정에서 빨리 가기를 재촉하자 바닷바람이 몹시 차서 추위를 막을 술이 있어야 하는데 소주를 만들려면 며칠 걸리겠다고 핑계를 댔다.

또한 전쟁 중인데도 불구하고 아내와 자식을 모두 데려 가겠다고 고집을 피웠다.

전 영의정이었던 윤방은 이민구의 처삼촌이었다. 결국 이민구는 윤방의 도움을 받아 기어이 충청남도로 가지 않았다.

섬이 위험에 빠졌지만 충청도·전라도·경상도 수군 가운데 한 사람도 강화도로 오지 않았다. 오직 충청도 수군절도사 강진흔이 깜깜한 밤에 섬으로 들어와 힘을 보탰을 뿐이었다.

김경징은 강진흔이 거느리고 온 배를 연미정(강화도 갑곶 조그만 산 위에 있는 정자)과 그 밖의 여러 곳에 나누어 배치했다. 강화도에 있던 배는 다 광진(갑곶 남쪽에 있는 나루)에 두었다.

정축년 1월 21일에 통진의 임시 수령을 맡은 김적이 김경징에게

고려 시대에 지은 강화산성이에요. 고려 원종 무렵에 고려를 공격한 몽골은 강화 조건으로 성을 헐게 했지만 조선 전기에 다시 지었어요. 병자호란 때 청군에 의해 다시 파괴당하였고, 숙종 3년에 성을 더 넓히고 돌로 쌓아 지었어요.

보고했다.

"적이 아이를 태워서 끌고 다니는 조그만 수레에 작은 배를 싣고 강화로 오고 있습니다."

하지만 김경징은 오히려 화를 냈다.

"강물이 얼어 있는데 어떻게 배를 저어 온다는 거냐?"

김경징은 김적이 군대를 어지럽히는 말을 한다며 당장 목을 베라고 명령을 내렸다. 그런데 갑곶을 지키던 장수의 보고가 날아왔다.

"적이 조그만 수레에 배를 싣고 강화로 오고 있습니다!"
김적이 보고한 내용과 같았다.
그제야 깜짝 놀란 김경징은 크게 당황하며 윤신지·유정량·유성증 등에게 강화도 몇 곳을 지키게 했다. 그리고 김경징이 갑곶을 지키기로 했지만, 거느린 군사는 몇백 명도 안 되었다.
일이 다급한데도 김경징은 군사들에게 군기와 화약을 아주 조금씩 나눠 주고는 적기를 거듭하며 시간을 지체했다.
봉림대군은 처음에 김경징과 함께 진지를 살폈다. 그런데 군사 숫자도 얼마 안 되고, 훈련도 제대로 되지 않아 엉성하기 짝이 없었다. 봉림대군은 다시 성안으로 들어와서 군사를 수습하고 바닷가에서 적을 막을 계획을 세웠다. 하지만 사람들이 겁을 먹고 다 도망친 뒤라 어쩔 수 없이 산성을 지키기로 했다.
장신을 주사대장으로 삼아 갑곶으로 향하게 했는데 하현(만월에서 차차 줄어드는 달)이어서 조수가 매우 적어 밤을 새워 배를 저었는데도 22일 새벽에야 겨우 갑곶 아래에 이르렀다.
충청도 수군절도사 강진흔이 배 일곱 척을 거느리고 갑곶에서 적과 맞섰다. 강진흔은 적의 배 여러 척을 침몰시켰지만, 그가 거느린 배도 적의 대포에 맞아서 군사 수십 명이 사망했다.
강진흔은 몸에 여러 대의 화살을 맞으면서도 적의 무기를 수없이 많이 빼앗았다.
강진흔은 몇 척 되지 않은 배를 이끌고 죽을힘을 다해 적과 맞서 싸웠지만, 주사대장 장신은 적이 두려워 차마 앞으로 나아갈 용기를 내지 못했다. 강진흔이 북을 울리고 기를 휘둘러 장신을 독촉했지만 소용없었다. 강진흔이 배 위로 올라서서 "나라의 두터운 은혜를 입은 네가 어떻게 이럴 수가 있느냐! 나는 반드시 네 목을 베고 말겠다!"하고 호통을 쳤다. 그래도 장신은 끝내 움직이지 않고, 물의 흐름을 따라서 아래로 내려가고 말았다.

적들은 처음에는 우리 군사가 숨어 있는 줄 알고 배를 대지 않았다. 그러다 적의 배 한 척이 우리 배 사이를 뚫고 들어와 기슭에 닿았고, 곧이어 적 일곱 명이 우르르 올라왔다.

그들은 화살도 없이 다만 손에 칼을 한 자루씩 쥐고 있을 뿐이었다.

적들은 기슭을 따라 북쪽으로 올라가다가 언덕 위에서 사방을 샅샅이

살폈다.

아무 데도 복병이 없음을 확인한 적들은 흰 깃발을 휘둘러 건너편에 있는 적을 불렀다.

그러자 수많은 적의 배들이 바다를 덮을 듯 건너오기 시작했다.

강화도 중군 황선신이 초관(종9품의 하급 장교) 100여 명을 이끌고 진해루에서 죽을힘을 다해 적과 맞섰다.

적 셋을 쏘아 죽이고, 초관들이 여섯을 쏘아 죽였으나 황선신은 그 자리에서 숨을 거두고, 겁을 먹은 군사들은 뿔뿔이 흩어졌다.

이때 강화의 초관들은 모두 장신의 배 안에 있었다.

하지만 장신이 후퇴했기 때문에 어느 누구도 뭍에 올라가 적과 맞서려고 하지 않았다.

그때서야 사태가 다급해진 것을 깨달은 김경징은 포구로 달려가 말을 버리고 배 안으로 기어 들어갔다.

그때 김경징과 장신의 어머니는 성안에 있었다.
하지만 아들들이 배를 타고 달아난 뒤, 성안에 남아 있던 두 사람은 적의 손에 죽고 말았다. 전 우의정 김상용은 몇 안 되는 사람과 함께 성을 지키며 성 밖으로 도망치는 자가 있으면 엄벌에 처하겠다고 했다. 빈궁께서 내관 김인·서후행 등 다섯 명에게 원손(왕세손으로 책봉되지 않은 왕세자의 맏아들)을 모시고 바다로 나가게 했다. 그러자 송국택·민광훈·여이홍 등의 신하들이 "원손께서 이미 나가셨으니 우리가 성을 지켜 무얼 하오."하며 성을 나와 원손을 뒤따랐다.
김인이 원손을 안고 서쪽으로 가는데, 그가 탄 말이 지쳐서 빨리 달리지 못했다.
적이 점점 가까이 다가오자 송국택은 타고 있던 말에서 내려 김인에게 타게 했다.
다행히 바닷가에 다다르니 기다린 것처럼 배 한 척이 있

강화에 있는 덕진진이에요. 12진 중 하나예요. 병자호란 뒤 강화도의 방비책을 강구해 내성·외성·진보·돈대 등을 축조했는데 12진보는 그중의 하나로 강화도 주위에 설치됐어요.

었다.

원손을 안은 김인 일행은 배를 타고 바다로 나와 며칠 만에 강화도 서북쪽에 있는 교동에 이르렀다.

실로 하늘이 도운 일이었다.

적들이 섬들을 수색한다는 말이 들리자, 김인은 교동에서 강화도 남쪽에 있는 주문도로 옮기고 주문도에서 다시 당진도로 향했다. 이때 주문도 사람들이 나루터로 몰려 와서 "이 배가 교동에서 오는 배입니까?"하고 물었다. 그러자 배 안에 있던 사람이 왜 물으시오?"하고 물었다.

"지난밤 섬에 있는 여러 사람이 배가 오색구름에 감싸인 채 이 섬으로 오는 꿈을 꾸었기에 묻습니다."

그 자리에 있는 모든 사람이 기이하게 여겼다.

강화도에 몰려 온 적들이 사방을 에워싸자 전 우의정 김상용은 일이 이미 어렵게 된 것을 파악하고 입고 있던 옷을 벗어 하인에게 주었다.

"네가 만약 무사히 이 섬에서 나가거든 이 옷을 내 가족에게 전해서 이 옷으로 장사를 지내도록 해라."

김상용은 곧 남문으로 나가 화약 상자 위에 걸터앉은 뒤에 주변 사람들에게 모두 물러가라고 했다.

김익겸과 권순장이 "대감께서 혼자 좋은 일 하시렵니까?"하며 끝내 화약 상자 옆에서 물러나지 않았다.

김상용은 스스로 화약에 불을 붙여 그 자리에서 숨을 거두고, 김익겸과 권순장도 함께 숨을 거두었다.

전 영의정 윤방은 종묘 도제조(정1품 벼슬)로서 조선 역대 임금의 위패(죽은 사람의 이름을 적은 나무패)를 지키고 있었다.

그러다 적이 다가오자 "나를 죽여라!"하고 소리쳤다.

하지만 적들은 못 들은 척하고 위패를 시궁창에 던져 버렸다.

윤방은 위패를 수습하여 거적으로 싸서 말에 싣고 "나는 바다를

강화 외성 오두돈대예요. 외성은 동쪽 해안을 따라 쌓았는데 몽골군이 바다를 건너 강화를 공격 못 하게 한 가장 중요한 방어 시설이에요. 병자호란 때에 허물어진 외성을 다시 쌓았어요.

건널 때 바닷물에 몸을 던져 죽겠다."고 했는데, 적이 협박하여 억지로 뭍에 오르게 했다.

윤방은 위패를 뺏길까 두려워 종들의 옷에 나누어 싼 뒤에 계집종에게 그 위에 올라타게 했다. 전쟁이 끝난 뒤, 윤방은 위패를 잘 모시지 못했다는 죄목으로 귀양을 갔다가 풀려났다.

하지만 귀양에서 돌아온 뒤 얼마 지나지 않아 숨을 거두었다.

강화도가 적의 손아귀에 넘어가자, 그곳에 있던 많은 사대부가 스스로 목숨을 끊었다. 혼자 목숨을 끊은 사람도 있고, 가족과 함께 죽은 사람도 있었다.

도정(정3품 벼슬) 심현은 그의 아내와 함께 죽기를 결심하고 상소문을 써서 품속에 넣은 뒤에 목숨을 끊었다.

'신은 동쪽을 향해 백 번 절하며 남한산성에 계신 전하께 글을 올리고, 처와 함께 자결하여 나라의 은혜에 보답하고자 합니다.'

주부(종6품 벼슬) 송시영이 처음에는 이시직과 한집에서 살았는데, 시영이 먼저 자결을 하자, 시직은 찬문(죽기 전에 지어서 써 두는 글)과 망건(상투를 튼 사람이 머리카락을 걷어 올려 흘러내리지 않도록 머리에 두르는 그물처럼 생긴 물건)을 종에게 주며 그것들을 아들에게 건네주기를 부탁한 뒤에 스스로 목숨을 끊었다. 그가 남긴 글의 내용은 이러했다.

'장강의 험함을 잃어 북쪽 군사가 나는 듯이 달려드니, 술 취한 장수는 겁을 집어먹고 나라를 배반하고, 살아날 구멍만 정신없이 찾는다. 수비가 무너져 모든 백성이 짓밟히고 으깨어져 아주 결딴이 났으니 저 남한산성도 금방 함락되겠구나.

구차하게 사느니 기쁜 마음으로 목숨을 끊는다. 절개를 지키고 스스로 목숨을 끊어서 땅을 굽어보고 하늘을 우러러보아 부끄러움이 없게 하련다. 가엾은 내 아들아, 너는 삶을 포기하지 말고 고향으로 돌아가 늙은 어머니를 잘 모시고 살도록 해라. 고향 땅에 엎드려 숨어 살며 나오지 말도록 하라.'

그 외에도 이상길·정효성·홍명형·윤전·정백형·민인백 등이 스스로 목숨을 끊거나 적의 칼끝에 숨을 거두었다. 그 많은 사람을 어찌 다 기록할 수 있겠는가. 김진표는 부인 스스로 자결하고, 김류와 김경징의 처는 그들의 며느리가 먼저 죽자 뒤따라서 목숨을 끊었다. 여자로서 스스로 목숨을 끊은 사람도 수없이 많았으나 다 알려지지 않아 애석할 따름이다.

새로 급제한 이가상은 문장이 뛰어나 일찍부터 이름이 알려져 있었다. 또한 집안에 대대로 이어 오는 풍습은 물론이고 법도에 맞는 질서나 절차가 남들보다 훨씬 뛰어났다.

그의 어머니가 오랫동안 병을 앓았는데, 6~7년을 잠시도 어머니 곁을 떠나지 않고 지켰다. 약과 음식을 종들에게 맡기지 않고 제

강화 갑곶돈 포대예요. 갑곶돈은 고려가 몽골과 전쟁을 치를 때 강화해협을 지켰던 가장 중요한 요새예요. 돈대 안에 전시된 대포는 조선 시대 것으로 바다를 통해 침입한 왜적의 선박을 포격했다고 해요.

손으로 챙기며 어머니를 보살피는 이가상을 두고 아는 사람이라면 모두 탄복을 했다. 그런데 적이 섬 안으로 쳐들어오자 겨우 어머니를 숨기고 자신은 적에게 붙들렸다.

그런데 그의 어머니를 업고 달아난 것은 그의 아내였다. 이가상은 아내가 어머니를 업고 달아났으리라고는 생각도 못하고 어머니 곁으로 돌아가기 위해 위험을 무릅쓰고 도망쳤다. 그는 어머니가 죽었을 거라고 여기며 시체를 찾아 적진을 헤매다 잡히기를 거듭했다. 하지만 그는 잡히면 도망하고 잡히면 도망치기를 여섯 번이나 되풀이했다. 하루는 섬 가운데 외딴 절로 도망쳐 들어갔는데, 다시 적진으로 들어가려 하자 그 절에 도망쳐 와 있던 친구가 옷깃을 잡고 놓아주질 않았다. 그는 글을 써서 중에게 주었다.

'여기 있으면 살고 돌아가면 죽을 것을 잘 알지만 어머니께서 살아계실 리 없는데 어찌 자식 도리로 가만있는단 말인가?'

그는 쓴 글을 아버지나 형에게 전해 달라고 한 뒤, 죽음을 각오하고 적진으로 들어갔고, 결국 적에게 붙들려 죽고 말았다. 스스로 불타 죽은 권순장의 아내는 이구원의 딸인데, 먼저 세 딸이 목을 맨 뒤에 자신도 목을 매어 죽었다. 12살 난 권순장의 누이동생도 목매어 죽었다.

강화도를 함락시킨 구왕자는 강화도를 떠날 때 성안에서 붙들린 사람은 모두 석방해 돌려보냈다. 대신 성 밖에서 붙들린 사람은 모두 끌고 갔다.

한홍일·여이징은 입고 있던 옷을 벗고 새 옷으로 갈아입은 뒤에 적과 만났다.

"우리 임금님의 세자 장인인 강석기도 여기에 있습니다."

그들이 그렇게 말한 것은 강석기를 불러들여 자신들의 행적을 숨기려고 한 일이었다. 하지만 강석기는 병으로 걷지 못한다고 핑계를 대고 나오지 않았다.

적들은 강석기를 그대로 버려두고 섬을 떠났다.

강화도에 남은 강석기는 스스로 목숨을 끊으려고 했다. 빈궁(세자빈, 강석기의 딸)도 따라 죽으려고 했으나 봉림대군과 인평대군이 만류하여 뜻을 이루지 못했다.

전쟁이 끝난 뒤, 강화를 지키던 많은 장수가 군율을 지키지 않은 죄목으로 처벌을 받았다. 장신·김경징·이민구 등의 죄를 논하면서 많은 신하가 장신에게 사약을 내릴 것을 주장했다. 전하께서는 장신 스스로 목숨을 끊으라고 명을 내렸다.

장신은 집에서 스스로 목을 매어 죽었다.

많은 신하가 김경징의 처형을 주장했지만 전하께서는 강계로 귀양을 명령했다. 그러다 김시양·유백증의 상소로 다시 끌려와 사약을 받았다.

이민구는 영변에 위리안치(유배된 죄인이 거처하는 집 둘레에 가시로 울타

리를 치고 그 안에 가두어 두던 일)하고, 강진흔은 힘써 싸우지 않아 적이 바다를 건너게 했다는 죄목으로 멀리 귀양을 보냈다. 그러다 다시 끌려와 사형당했다.

강진흔이 사형되기 전에 충청도의 많은 군사가 몰려와 대궐 앞에서 목 놓아 슬피 울며 원통함을 호소했지만, 강진흔의 사형을 막지는 못했다.

강진흔은 죽기 전 김경징과 함께 금부에 있었다. 둘 다 사형이 떨어지자, 김경징은 목 놓아 울며 정신줄을 놓았지만, 강진흔은 빙그레 웃으며 말했다.

"울고불고 한다고 사형을 면할 수 있겠소?"

강진흔은 죽는 순간까지 태연했으며 먹을 것도 꼬박꼬박 챙겨 먹었다. 그리고 지니고 있던 칼을 목 베는 사람에게 주며 "이것은 아주 잘 드는 칼이다. 이것으로 내 목을 베고, 그 칼은 네가 갖도록 해라."하고 말했다.

강화도에서 강진흔 만큼 죽을힘을 다해 싸운 장수도 없다.

그런데도 끝내 사형을 당하고 말았지만 그는 죽는 순간까지도 의연했다.

강진흔을 우러르고 따랐던 군사들은 강진흔의 죽음 앞에서 가족이 죽은 것처럼 눈물을 흘리며 슬퍼했다.

나만갑 신도비예요. 신도비란 임금이나 고관의 평생 업적을 기록하여 무덤 앞에 세워두는 것이에요. 이 비는 병자록을 기록한 나만갑의 행적을 기리고 있어요.

눈 쌓인 남한산성 전경이에요. 병자호란이 터진 뒤, 인조가 남한산성으로 들어갔을 때도 이런 모습이 아니었을까요? 남한산성은 우리나라 산성 가운데 시설이 가장 잘 정비된 곳으로 손꼽혀요. 2014년에 세계문화유산으로 등재된 자랑스러운 우리 문화유산이에요.

• 글을 엮으며

병자호란이 왜 우리 역사에서 가장 중요한 사건일까?

후금을 세운 누르하치의 아들인 홍타이지가 나라 이름을 '청'으로 바꾸고 스스로 황제 자리에 오른 것은 1626년이었습니다. 그 무렵에 청나라는 명나라와 교전 상태에 있었습니다. 홍타이지는 제일 먼저 세력다툼이 치열한 만주족 내부의 여러 정치세력을 통합하는 등 강력한 정치적 기반을 확보하는 데 성공했습니다.
그러면서 명나라를 위협할 수 있는 기반을 다졌습니다.
그리고 1636년 12월, 홍타이지는 척화론을 부르짖는 조선을 벌준다는 명분을 앞세워 조선을 공격했습니다. 하지만 더 큰 뜻은 조선 공격을 성공해야만 명나라 공격도 성공할 수 있었기 때문입니다. 청나라 군사가 물밀듯이 달려오자 인조는 김경징을 검찰사로 임명하고 비빈, 대군들을 강화로 들어가게 했습니다. 이틀 뒤 인조도 강화로 들어가려 했지만 이미 청군이 한양 깊숙이 들어와 있는 상태였고, 결국 강화도 행을 포기하고 서둘러 남한산성으로 몸을 피했습니다.

인조는 남한산성에서 청나라군과 맞설 계획이었습니다.

하지만 남한산성에 주둔한 조선군의 숫자는 겨우 1만 4천 명에 불과했습니다.

더 심각한 것은 날이 갈수록 성안의 양식이 바닥을 보이고 있다는 점이었습니다.

강화도로 들어간 김경징의 횡포도 이루 말할 수 없이 컸습니다. 강화도는 절대 무너질 수 없다고 굳게 믿으며 방비를 소홀히 하고 허구한 날 잔치를 열며 흥청망청 지냈습니다.

그러다 결국 적이 배를 타고 강화도로 쳐들어오자 조선군은 싸움 한 번 못하고 뿔뿔이 흩어지고 말았습니다.

강화도가 함락되었다는 보고를 받은 인조와 조정은 더 버틸 수가 없음을 깨닫고 항복을 결정했습니다. 그리고 1월 30일, 인조는 세자와 함께 남색 융복을 입고 삼전도로 가서 청 태종 앞에 무릎을 꿇었습니다. 바로 삼전도 굴욕입니다.

전쟁을 겪는 동안 백성의 고통은 이루 말할 수 없었습니다. 하지만 전쟁이 끝난 뒤에는 더 끔찍한 고통을 겪어야 했습니다.

당시 조선 인구 1,000만 명 중에 50만 명이 포로가 되어 심양으로 끌려갔습니다.

강화도가 함락되던 날의 기록을 보면, 청나라의 포로가 된 수많은 여인이 바다에 뛰어들었다고 합니다. 그리고 그 여자들이 머리에 쓴 수건이 바닷물 위에 둥둥 떠서 꽃잎처럼 보일 정도였다고 합니다.

포로가 되어 수천 리 길을 가는 도중에 수많은 사람이 추위와 굶주림으로 죽어 갔습니다. 탈출을 시도하다가 청나라 군사에게 맞아 죽은 사람도 많았습니다.

기록에 의하면 수없이 많은 포로가 탈출을 시도했는데 어느 날은 천 명 정도가 심양을 탈출해 조선 땅으로 향했다고 합니다. 하지만 조선 땅으로 오려면 만주 벌판을 지나야 했고, 수많은 사람이 굶어 죽거나 짐승에게 물려 죽었습니다.

더 슬픈 일은 가까스로 압록강 변에 이르렀지만 청나라와 맺은 협약 때문에 조선은 탈출한 사람을 받아들일 수가 없다는 점이었습니다.

조선의 항복을 받아내고 해마다 많은 물자를 받을 수 있게 된 청나라는 마음 놓고 명나라를 공격했습니다. 그리고 1644년에 연경(지금의 북경)을 함락시켰고, 마침내 명나라를 멸망시키고 중원 땅을 전부 차지하게 이르렀습니다.

병자호란을 겪고 청나라 신하 국으로 전락한 조선은 아주 오랫동안 청나라에 대해 감정이 좋질 못했습니다.

인조 뒤를 이어 봉림대군이 왕위에 올랐는데, 그가 곧 효종입니다. 효종은 심양에 있는 동안 청나라 내부를 낱낱이 파악했고, 송시열·이완 등과 청나라 공격을 강력하게 추진하며 군사력을 길렀습니다.

효종은 국방 강화와 경제적인 안정을 꾀하며 청나라 공격을 준비했지만 그 기회는 좀처럼 다가오지 않았습니다.

세월이 흐를수록 청나라의 힘이 막강해졌기 때문입니다.

그러다 효종이 왕의 자리에 오른 지 10년 만에 세상을 뜨고, 그 뒤 조선의 청나라 공격 계획은 흐지부지 되고 말았습니다.

병자호란을 우리 역사에서 가장 중요한 사건이라고 하는 것은 인조가 청나라 임금에게 항복했다는 사실 때문만은 아닙니다.

병자호란이라는 전쟁을 통해 다시는 한반도에서 전쟁이 일어나게 해서는 안 된다는 것을 일깨워주기 때문입니다.

또한 병자호란은 이미 끝난 역사가 아니라 언젠가는 또다시 재현될 수 있는 우리의 미래 모습일 수도 있기 때문입니다.

아무리 천하가 태평하더라도 전쟁에 대한 만일의 준비를 잊어버리면 반드시 위험하다는 말이 있습니다.

그 말은 평화를 원하거든 바로 전쟁을 대비하라는 말입니다.

힘이 강한 나라는 힘이 약한 나라를 반드시 넘보기 때문입니다. 나만갑의 '병자록' 유성룡의 '징비록' 충무공 이순신의 '난중일기' 등은 우리 조상이 남긴 전쟁 기록입니다.

우리는 그 전쟁 기록들을 통해 나라의 힘과 능력을 키우는 것이 얼마나 중요한 일인지를 깨닫게 됩니다.

'병자록'은 인조를 따라 남한산성으로 들어갔던 나만갑이 46일 동안 성안에서 벌어진 일과 병자호란을 겪은 나라의 사정을 낱낱이 기록한 일기입니다.

그리고 '호란일기'는 나만갑의 '병자록'을 토대로 어린이들이 꼭 알아야 할 내용들만 발췌하여 읽기 쉽고 이해하기 쉽도록 정리해서 꾸몄습니다.

김종윤

참고문헌

*『신완역 병자록』(나만갑 지음, 윤재영 옮김, 명문당,1987)
*『숲과 역사가 살아있는 남한산성』(남한산성문화관광사업단, 경기문화재단, 2008)
*『남한산성 역사문화 강좌』(남한산성을 사랑하는 모임, 2001)
*『남한산성 역사문화 강좌』(남한산성을 사랑하는 모임, 2005)
*『산성일기』(작자 미상, 김광순 옮김, 서해문집, 2004)
*『남한일기』(석지형 지음, 이종훈 옮김, 광주문화원,1992)
*『역주 병자일기』(남평 조씨 지음, 전형대/박경신 역주, 예전사, 1991)
*『임진왜란과 병자호란』(정약용 지음, 정해렴 역주, 현대실학사, 2001)
*『조선왕조실록』(광해군 일기/ 인조실록)

사진 출처

* 남한산성도 : 문화재청
* 남한산성 남문 : 이종화(남한산성 지킴이)
* 한남루 : 이수용(내셔널 트러스트 이사)
* 수어장대 : 이수용(내셔널트러스트 이사)
* 제2 남옹성 구간 : 문화재청
* 남한산성 북문 : 이종화(남한산성 지킴이)
* 숭렬전 : 이종화(남한산성 지킴이)
* 개원사 : 문화재청
* 국청사 : 이종화(남한산성 지킴이)
* 연무관 : 문화재청
* 연주봉 옹성 : 이수용(내셔널트러스트 이사)
* 제1 남옹성 암문 : 문화재청
* 장경사 : 문화재청
* 망월사 : 이종화(남한산성 지킴이)
* 현절사 : 문화재청

* 남한산성 서문 : 이수용(내셔널트러스트 이사)
* 삼전도비 : 문화재청
* 무망루 : 이수용(내셔널트러스트 이사)
* 강화산성 : 문화재청
* 덕진진 : 문화재청
* 강화외성 오두돈대 : 문화재청
* 강화 갑곶돈 포대 : 문화재청
* 나만갑 신도비 : 문화재청
* 남한산성 전경 : 이수용(내셔널트러스트 이사)